일주일 만에 배우는

초등수업
디자인

일주일 만에 배우는

초등수업 디자인

김병섭 지음

지식프레임

2022 개정 교육과정
학교 자율 시간 선택과목을
어떻게 가르칠 것인가?

선생님을 일주일 동안
우리 교실로 초대합니다.

이 책을 읽는 방법은 아주 단순합니다. 딱 일주일! 옆 반 교실에 들러서 수업 이야기를 나눈다고 생각하시고 첫 장을 펼쳐주세요. 한 번에 다 읽지 않으셔도 됩니다. 하루에 한 번, 일주일 동안 천천히 책장을 넘겨주세요.

제가 이 책에서 전달하고 싶은 메시지는 '수업 디자인에 도전하자!'입니다. 여기서 말하는 수업은 최소 한 단원 이상의 수업을 말합니다. 마치 요리사가 신선한 재료를 다듬어 하나의 음식을 완성하듯, 하루에 하나씩 수업 디자인 비법과 살아 있는 수업 이야기를 들려드리고자 합니다. 이 책에 나오는 수업 디자인 사례를 살펴보시고, 한 번쯤 새로운 수업에 도전하는 계기가 되길 바랍니다.

저는 지난 8년간 경상북도에서 미래 학교 운영을 위한 실험적인 프로젝트에 참여했습니다. 교육과정, 수업, 평가, 학교 시스템 등 다양한 분야에서 혁신적인 시도를 했고, 40여 개의 프로젝트 수업에 도전하며 많은 실패를 경험했습니다. 교육자로서 실패라는 말을 사용하는 것이 무척 부끄러운 일이지만, 실패 없이는 단 한 걸음도 앞으로 나아갈 수 없었습니다. 지난날을 돌이켜보면 다람쥐가 쳇바퀴를 돌 듯 제자리를 맴도는 것 같아 답답할 때도 많았습니다. 하지만 힘든 와중에도 수업이라는 꽃을 피우며 묵묵하게 아이들과 살아갔습니다.

수업이란 꽃을 피울 수 있었던 가장 큰 힘은 '수업 디자인'이었습니다. 새로운 형태의 수업을 디자인하고 도전하면서 조금씩 교과서와 칠판을 벗어날 수 있었습니다. 딱딱하기만 했던 수업이 어느 순간 말랑해지기 시작했고, 교육과정을 바라보는 저만의 안목과 신념이 형성되었습니다. 수업 디자인을 고민하면서 아이들에게 다가가고 멀어지기를 반복하며 적당한 거리를 유지할 수 있었고, 강의와 활동의 경계에서 균형을 유지할 수 있었습니다.

이제 2022 개정 교육과정 고시를 앞두고 있습니다. 새로운 교육과정에서는 학교 교육과정 자율성 확대라는 취지로 학교 자율 시간이 주어집니다. 최대 68시간, 교사가 원하는 수업을 마음껏 할 수 있게 됩니다. 선생님은 학교 자율 시간을 어떻게 사용하시겠습니까? 이 책에서 실마리를 찾으실 수 있길 바랍니다.

이 책이 나오기까지 많은 분이 도움을 주셨습니다. 우선, 따뜻한 말씀과 조언으로 책을 만들어주신 지식프레임 윤을식 대표님께 감사의 말씀을 드립니다. 그리고 제 책의 첫 번째 독자이자 평생의 동반자인 아내 도혜진, 언제나 저의 건강과 행복을 기원해 주시는 부모님과 귀여운 딸 유주에게 사랑의 인사를 건넵니다. 저의 교직 생활의 민낯을 가감 없이 공유하는 이동훈, 이병민, 저를 창작이라는 새로운 세계에 도전하게 해주신 김용세 작가님께도 감사의 말씀을 드립니다. 끝으로 구미봉곡초등학교에 근무하며 함께 살아가는 교직원 여러분께 감사를 표합니다.

2022년 가을
김병섭

Contents

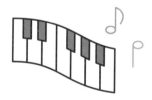

Day 2 교과 중심 수업 디자인

Day 3 흥미 중심 수업 디자인

Day 4 질문 중심 수업 디자인

Day 5 지역 중심 수업 디자인

Day 6 주제 중심 수업 디자인

Day 7 역량 중심 수업 디자인

삶과 맥락이
살아 있는
수업을 만들다

Day 1

수업 디자인의 시작

1					
2					
3					
4					
5					
6					
7					

1

수업 디자인은
왜 필요할까?

카시오페이아와 북두칠성을 본 적 있나요? 5학년 과학 교과에서는 카시오페이아와 북두칠성 일부를 5배 연장해서 북극성을 찾는 문제가 있습니다. 실제로 밤하늘에서 별자리를 찾아보면 "와!" 하는 감탄사가 절로 나옵니다. 별자리 일부를 5배 연장해서 북극성을 찾았을 때의 짜릿함은 덤이죠.

별자리 수업을 하다 보면 에티오피아의 왕비 카시오페이아 이야기를 하지 않을 수 없습니다. 카시오페이아는 허영심이 많아서 자신의 딸 안드로메다가 바다의 정령인 네레이데스보다 아름답다고 떠벌리고 다니다 의자에 거꾸로 매달리는 형벌을 받게 되죠. W 모양은 의자에 앉은 카시오페이아가 거꾸로 매달린 모습을 나타낸 것이라고 합니다.

아이들의 삶과 연결되는
의미 있는 수업

W 모양의 별자리가 카시오페이아로 불릴 수 있는 건 이야기가 존재하기 때문입니다. 마찬가지로 수업도 이야기처럼 흘러가야 아이들의 삶과 연결되고 의미가 남습니다. 왜 공부해야 하는지 아이가 그 이유에 공감할 수 있어야 하고, 풍부한 맥락 속에서 배움이 일어나도록 수업을 디자인해야 합니다.

"주연아! 우리 학교에서 북쪽이 어딘지 혹시 알고 있니?"
"글쎄요. 저기 산이 보이는 방향 아닌가요?"
"아니야! 아파트 보이는 쪽이 북쪽이야!"
"누구 말이 맞을까? 오늘 배운 것처럼 별자리를 보면 알 수 있는데 같이 확인해 볼 사람 있니? 내일 저녁에 날씨가 좋다고 하니 시간 괜찮은 사람은 저녁 8시에 운동장에 모여서 별자리를 관측해 볼까?"

어떤가요? 수업의 흐름이 아이들의 삶과 자연스럽게 연결되고 있나요? 물론 교과 목표에도 충분히 부합하는 수업이 되어야 합니다. 별자리 수업의 성취기준은 '[6과02-03] 북쪽 하늘의 별자리를 이용하여 북극성을 찾을 수 있다.'입니다.

늦은 시간에 아이들과 별을 보려면 다소 부담스럽긴 합니다. 하지만 이런 별자리 수업이야말로 가장 유의미한 시간이 아닐까 싶습니다. 이처럼 공부해야 할 목적을 알고 맥락이 살아 있는 수업을 만드는 과정이 바로 수업 디자인입니다.

수업 설계와 유사하지만 제가 수업 디자인이라는 용어를 고집하는 이유는 교육과정에 대한 교사의 창의적인 해석을 포함하는 개념이기 때문입니다. 디자인은 라틴어 '데시그나레(Designare)'에서 유래했으며, 'de(~을 분리하다)'와 'signare(기호, 상징)'를 합쳐서 만든 말입니다. 어원의 유래에서 알 수 있듯, 이미 존재하는 기호를 해석해서 새로운 기호를 창조하는 행위를 디자인이라고 합니다. 기존의 것을 재해석하여 새롭게 창조해 내는 능력이 반영된 것이지요.

수업을 바꾸려면 새로운 관점으로 교육과정을 재해석하여 수업을 디자인해야 합니다. 이를 위해서는 교육과정의 시기와 양을 조정하는 재구성의 차원을 넘어, 아이들의 삶을 바라보고 창의적으로 나만의 수업을 디자인하는 힘을 키워야 합니다.

나만의 수업 디자인이 필요한 시대

사회 수업에서 민주주의를 가르쳐야 한다면 선생님은 첫 수업을 어떻게 시작하시겠습니까? 민주주의 수업 이야기를 하기에 앞서 먼저 다음 7가지 질문에 답해 보세요.

1. 민주주의란 무엇인가?

2. 민주주의의 반대말은 무엇인가?

3. 왜 민주주의를 가르쳐야 하는가?

4. 민주주의는 어떤 순서로 가르쳐야 하는가?

5. 우리나라는 왜 민주주의 국가인가?

6. 우리나라는 언제부터 민주주의 국가였는가?

7. 헌법 제1조 1항 '대한민국은 민주공화국이다.'의 의미는 무엇인가?

 선생님은 위 질문에 어떻게 답하셨나요? 만약 교과서와 지도서 없이 민주주의로 30차시 수업을 진행해야 한다면 어떻게 수업을 하실 건가요?

 이 질문에 답할 필요가 없다고 생각하실지도 모르겠습니다. 이미 교과서와 지도서가 존재하고, 성취기준이라는 목표가 제시되어 있는데 군이 왜 질문에 답을 하라는 것인지 의문스러울 것입니다.

 이제 '무엇을 가르칠 것인가'에 대해 고민해야 하는 시기가 눈앞에 다가오고 있습니다. 지난 2021년 11월, 교육부에서 2022 개정 교육과정 총론 주요 사항을 발표했습니다. 2022 개정 교육과정에서 초등교육의 이슈는 학교 자율 시간과 선택과목(활동)의 도입입니다. 선택과목은 지역 특성에 맞는 다양한 수업 혁신이 학교 현장에서 이루어지도록 단위학교 교육과정 편성·운영의 자율권을 확대하는 취지에서 마련되었습니다. 그런데 선택과목으로 무엇을 가르쳐야 하는지에 대한 기준은 딱히 없습니다. 초등학교는 학년별 연간 최대 68시간을 교사가 자유롭게 활용할 수 있는데, 2015 개정 교육과정과는 달리 교과 및 창의적 체험 활동을 증감하여 충분한 시간을 확보하고 학교 자율 시간이라는 명목으로 다양한 수업을 운영할 수 있습니다. 2022 개정 교육과정이 도입되면 초등교사는 최대 68시간 동안 무엇을 가르칠 것인가를 스스로 결정해야 합니다. 하지만 스스로 수업을 디자인해 본 경험이 거의 없는 교사라면 많은 혼란과 어려움을 느낄 것입니다.

'무엇을 가르칠 것인가?'에 대한 열쇠는 결국 아이들과 교육과정을 바라보는 교사의 안목과 경험에서 비롯됩니다.

다시, 민주주의 수업 이야기를 해볼까요?

아이들에게 민주주의의 반대말을 물어보면 대부분 공산주의나 사회주의라고 답할 겁니다. 하지만 민주주의의 반대말은 엘리트주의입니다. 민주주의는 민중이 다수결로 의사를 결정하는 체제이고, 엘리트주의는 소수의 엘리트가 의사 결정을 하는 방식입니다. 즉, '다수의 결정을 따르는가? 소수의 결정을 따르는가?'에 따라 민주주의 여부를 판단할 수 있습니다.

그렇다면 어떻게 해야 민주주의를 제대로 가르칠 수 있을까요? 이를 위해서는 의사 결정을 직접 해보는 경험을 해야 합니다. 학급 회의를 바탕으로 사소한 것부터 중요한 사항을 함께 결정하면서 민주주의를 배워야 합니다. 이렇듯 개념을 명확히 알고 있으면 수업의 방향과 흐름을 만들 수 있습니다.

수업 디자인은 교사의 전문성 확보와 창의적인 수업을 구안할 수 있는 새로운 도전이 될 것입니다. 선택과목이라는 현실적인 문제를 넘어 나만의 수업을 만드는 힘을 기르게 된다면 수업을 바라보는 혁신적인 안목 형성과 전문성 신장은 물론 살아 있는 수업 이야기를 경험할 수 있을 것입니다.

2

수업 디자인을 위한
기본 전략

4학년 사회과 수업에서는 공공기관에 대해 배웁니다. 그런데 아이들이 공공기관을 공부하고 싶어 할까요? 공공기관에 재미를 느낄 수 있을까요? 만약 교사가 첫 시간부터 공공기관에 관해 설명하기 시작하면 수업은 보나 마나 졸린 눈을 한 학생으로 가득 찰 겁니다.

과정을 경험하고 생각하게 하라!

일방적으로 지식을 전달하려고 하면 수업은 원활히 진행되기 어렵습니다. 일단 경험을 하고 생각하도록 해야 합니다. 그렇다면 공공기관 수업을 어떻게 해야 할까요?

저는 우선 커다란 전지를 준비해 마을을 그리게 합니다. 2개의 모둠으로 나뉘어 마을을 그리는데, 제가 준 전지에는 길만 덩그러니 그려져 있습니다. 이 전지에 아이들은 60분 동안 신나게 그림을 그립니다.

아이들은 뭘 그릴까요? 일단 집을 그립니다. 아파트와 단독주택을 그린 후에는 상업 시설을 그리기 시작하죠. 문방구, 치킨 가게, 떡볶이 가게, 학원 등을 그립니다. 학교 이외에 공공기관을 그리는 학생은 거의 없습니다.

그림이 완성되면 칠판에 붙여 놓고 마을에 관해 이야기를 나누기 시작합니다.

교사 민주야, 이 마을에 너희 집이 있니?

민주 네.

교사 어디에 그렸지?

민주 (손가락으로 짚으며) 여기요.

교사 아파트에 사는구나?

민주 네.

교사 아파트 밑에 큰 대로가 보이는데···. 그럼 이 길을 건너서 저쪽에 있는 떡볶이 가게에 자주 가겠구나. 그렇지?

민주 (고개를 끄덕인다.)

교사 그런데, 길에 횡단보도가 없어서 불편하겠는걸? 만약에 횡단보도를 그리는 데 200만 원이 든다면, 혹시 네 돈을 주고 그릴 수 있겠니?

민주 아니요. 선생님, 그걸 제가 왜 그려요?

교사 불편하잖니. 대로가 꽤 넓어 보이는데 위험하기도 하고···.

민주 하지만 그건 저만 이용하는 게 아니잖아요.

학생A 맞아요. 여기 사는 아파트 사람들이 돈을 모아서 그리면 될 거 같은데요?

학생B 아파트 사람만 이용하는 게 아니잖아. 그런 건 시청에 이야기해야 해!

교사 왜 시청에 이야기해야 할까?

학생C 많은 사람들이 함께 이용하는 거잖아요.

교사 맞아요. 이렇게 사람들이 살다 보면 공동의 문제가 생기죠?

이런 문제를 해결하기 위한 기관이 필요해요. 그걸 우리는 공공기관이라고 불러요. 공공기관에는 어떤 게 있을까요?

학생들 소방서, 우체국, 보건소, 도서관….

교사 그런데 여러분이 그린 그림에는 공공기관이 없네요. 시간을 줄 테니 그림을 한번 고쳐볼까요?

아래 사진은 수업을 마친 결과물입니다. 아이들이 지도를 수정하고 공공기관 모형 건물을 세웠어요. 이렇게 수업을 하고 나면 아이들이 자연스럽게 공공기관에 흥미를 갖습니다. 마을 그리기라는 소재를 바탕으로 공공기관의 필요성에 공감하도록 수업을 디자인한 거예요. 공공기관에 관해 간접적으로 경험하고 생각하도록 한 거죠. 이렇게

수업하면 아이들이 공공기관에 대해 자연스럽게 관심을 두고 흥미를 느끼기 시작합니다.

"선생님, 저는 어제 엄마랑 택배 보내러 우체국에 다녀왔어요."
"저는 어린이도서관에서 책을 빌렸어요."

이런 이야기가 들리기 시작하면 수업은 절반 이상 성공한 겁니다. 아이들이 길거리를 걷다가 주민센터, 우체국, 경찰서, 소방서 같은 공공기관이 보이기 시작하면 '아는 것이 보이는 단계'로 나아간 것입니다. 공공기관에 관심이 생겼다는 의미죠.

여기서 한 걸음 더 나아가기 위해서는 실제로 해보는 과정이 필요해요. 다시 말해 공공기관을 체험하는 형태의 수업이 필요합니다. 하지만 공공기관에 직접 방문하려면 얼마나 힘들겠어요. 그 많은 공공기관을 모두 다닐 수도 없고요. 어떻게 하면 좋을까요?

당시에 3개 반이 있었는데, 옆 반 선생님들과 함께 가상으로 공공기관을 운영하기로 했습니다. 교실을 공공기관으로 바꾸었죠. 아이들이 어떤 공공기관을 운영할지 선택하게 했습니다. 예컨대, 1반은 선거관리위원회를 맡아 시장 후보 선출을 위한 선거를 진행했고, 2반은 시청이 되어 여권을 발급했어요. 3반은 보건소를 열어서 키와 몸무게, 시력 측정 및 심폐소생술 교육을 했지요. 아이들은 돌아다니며 공공기관을 체험했답니다. 이렇게 수업을 하다 보면 아이들의 입에서 살아 있는 이야기가 나옵니다.

"선생님, 우리 엄마가 시청에서 일하시는데요. 민원 본다고 힘들다고 하셨는데, 무슨 말인지 이제야 알았어요."

"선생님, 아빠는 제가 크면 공무원을 하라고 했는데요. 똑같은 일을 반복하니까 지루해서 제 성격에는 안 맞는 것 같아요."

아이들은 한 번이라도 직접 해보는 기회를 가질 때 제대로 배우게 됩니다. 아는 만큼 보이고, 보이는 만큼 할 수 있는 법이니까요. 공공기관에 대해 배우고 시청에 가서 직접 여권을 만들거나 우체국에 가서 택배를 보내는 것처럼 일상생활에서 자신이 배운 지식을 적용하다 보면 삶에 의미가 남게 됩니다.

학습 사이클을 적용하라!

버니스 매카시(Bernice McCarthy)의 4MAT(4 Master of Arts in Teaching) 학습 사이클은 인간이 어떻게 학습하는가를 보여주는 이론입니다. 4MAT는 심리학의 아버지 칼 융의 이론에서 시작되었습니다. 칼 융은 인간이 학습하는 곡선에 관해 이야기했는데, 경험을 시작으로 개념, 행동, 성찰로 이어진 4가지 축을 기본으로 학습한다고 했습

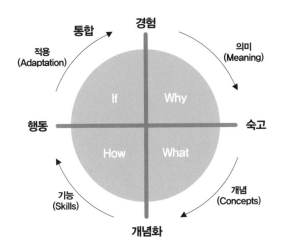

4MAT 학습 사이클 과정

니다. 1979년, 버니스 매카시는 융, 피아제, 비고츠키, 듀이, 레빈, 콜브 등의 연구를 통합하여 4MAT 사이클을 개발하게 됩니다. '경험 → 숙고 → 개념화 → 행동 → 통합'으로 이어지는 4MAT 학습 사이클은 인간의 학습 과정을 설명합니다.

4MAT는 네 가지 영역으로 구분됩니다. 일반적으로 학습은 Why, What, How, If의 4가지 영역을 거치게 되는데 각 단계를 설명하면 다음과 같습니다.

1단계 : Why 영역

1단계는 왜 배워야 하는지 의미를 아는 과정입니다. 학습은 새로운 것을 경험하면서 시작되는데 주관적인 느낌(Feeling)을 필터링하여 객관적으로 자신의 경험을 바라보고 배움의 의미(Meaning)를 깨닫게 됩니다.

2단계 : What 영역

2단계는 무엇을 배우는가에 대한 개념을 형성하는 과정입니다. 숙고의 과정을 바탕으로 논리를 세우고 분석, 상징화하여 추상적인 개념을 형성하는 과정을 말합니다.

3단계 : How 영역

3단계는 어떻게 배울 것인가를 행동으로 옮기는 과정입니다. 개념을 조작하고 문제를 해결하는 과정에서 학습자는 기능을 습득하게 됩니다.

4단계 : If 영역

4단계는 배운 것을 자기화하는 과정입니다. 배운 내용을 토의하고 실생활 적용 가능성을 검토하여 삶에 통합하는 과정을 말합니다.

앞서 이야기한 공공기관 수업을 4MAT 학습 사이클에 비추어 설명해 보겠습니다.

처음부터 공공기관이라는 지식을 전달하려고 하면 수업은 딱딱하고 어려워집니다. 따라서 아이들이 공공기관을 왜 배워야 하는지 먼저 경험하도록 해야 하지요. 공공기관이 없는 마을을 꾸미며 공공기관의 필요성을 느끼게 해야 합니다.

다음으로 공공기관의 개념을 파악해야 합니다. 개념이 명확해야 깊이 있는 생각을 할 수 있습니다. 여러 가지 공공기관을 살펴보고 공공기관인 것과 아닌 것을 구분하며 개념을 명확하게 밝혀야 합니다.

이렇게 형성된 개념은 행동으로 옮길 수 있어야 합니다. 공공기관 부스 운영처럼 직접 행동하며 이해하도록 해야 하죠.

끝으로 자신의 삶에서 공공기관을 활용할 수 있도록 해야 합니다. 예를 들어 우체국에 방문하여 물건을 포장하고 택배를 보내거나 도서관에 방문하여 책을 빌리는 등 실제 삶에 적용하여 학습한 내용을 통합하도록 수업 디자인을 해야 하는 것이죠.

이처럼 4MAT 학습 사이클을 수업 디자인에 적용하면 자연스럽게 맥락이 형성됩니다. 동시에 개념을 중심으로 깊이 있는 사고와 대화를 하게 되죠. 특정 활동에 편중되거나 개념만을 이해하는 데 그치지 않고 일관적이고 균형 잡힌 수업을 디자인할 수 있습니다. 무엇보다 4MAT 학습 사이클로 수업을 디자인하면 학습자의 경험이 삶으로 통합되는 것을 느낄 수 있습니다.

다만 모든 수업을 경험부터 시작해서 숙고, 개념화, 행동으로 옮기긴 어렵습니다. 예컨대, 행성과 별처럼 경험의 수준을 넘어서거나 기체, 액체, 고체를 구분하는 것처럼 생활 속에서 누구나 경험해 본 내용은 학습 사이클을 굳이 활용하지 않습니다. 모든 것을 경험하면서 천천히 가르치고 싶지만 수업 시간은 제한적이고, 이로 인해 단편적인 지식을 전달해야 할 때도 많습니다. 따라서 교사는 어떤 방식을 선택해야 할지 학급 상황에 따라 결정해야 합니다. 신념을 지키는 것은 중요하지만, 융통성을 발휘하지 못한다면 정해진 시간 안에 진도를 마치지 못할 수도 있습니다. 법적 제한과 교육 현실을 인정하되 한 학기에 한두 번은 4MAT 학습 사이클을 중심으로 수업을 디자인해 보세요. 기존의 수업과 달리 의미 있는 경험을 할 수 있을 것입니다.

수업의 균형점을 찾아라!

교사 중심 수업과 학생 중심 수업. 이 중에 무엇을 중심으로 수업 디자인을 해야 할까요?

수업을 디자인할 때는 교사와 학생 사이에서 균형점을 찾아야 합니다. 교사와 학생을 모두 고려하며 수업의 방향을 고민해야 하죠. 교육 내용에 따라 학생의 활동이 중심이 될 때도 있고, 때론 교사의 설명이 중심이 될 수도 있습니다. 하지만 수업의 균형점이 무너지는 일은 비일비재합니다.

　진보적인 시각에서 바라보면 학생이 공부할 문제를 스스로 선정하고 주체적으로 학습에 참여하는 모습을 기대할 것입니다. 학생 스스로 수업을 계획하고 적극적으로 참여하는 이상적인 모습을 기대하지요. 하지만 한 교실에서 주도적으로 공부할 수 있는 학생은 소수에 불과합니다.

　"선생님, 모르겠어요."
　"생각이 안 나는데요."
　"다음에 뭐해요?"

　학생들이 자주 하는 말입니다. 스스로 공부할 기회를 주지 않아서 이런 말이 나올까요? 아닙니다. 옆에서 차분하게 알려줘도 무엇을 공부해야 할지 모르는 학생이 너무나 많습니다. 학습에 필요한 내용을 스스로 읽고 해석해서 자기 글이나 말로 표현할 수 있는 학생이 많지 않습니다. 이런 아이들에게 모둠 수업을 진행하면 자연스럽게 무임승차가 발생합니다. 상위 20%의 학생이 하위 80%의 학생을 이끌고 가지요. 모둠 학습이 더해지면 어떤 일이 벌어질까요? 겉보기에는 활동하는 것처럼 보이지만 남는 것이 없는 수업이 됩니다. 이러면 학생 중심의 의미를 다시 생각해 봐야 합니다. 무엇보다 모둠 학습에 대한 환상에서 벗어나야 합니다.

저는 학생 스스로 학습하는 것을 학생 중심이라 생각하지 않습니다. 교사가 학생을 중심에 세우려고 부단히 노력하는 수업을 학생 중심 수업이라고 생각합니다. 그리고 학생을 중심에 세우기 위해서는 끊임없는 피드백이 필요합니다.

"17쪽에 있는 개념을 찾아 밑줄을 긋고 다시 읽어보렴."

"교과서를 다시 읽고 키워드를 바꿔서 검색해 볼래?"

"동그라미 2개를 겹쳐 그린 후 공통점과 차이점을 찾아서 분류해 보세요."

학생을 중심에 두기 위해서는 충분한 안내와 지도가 필요합니다. 교사는 구체적인 발문으로 학생들이 흥미를 유지하도록 인내심을 가지고 지도해야 합니다. 모둠 학습은 학습량이 과하거나 혼자 해결하기에 어려운 문제, 토의를 통해 문제 해결 방법을 선택할 때 사용하는 것이지 만능 전략이 아닙니다. 암기가 필요하면 외워야 합니다. 판서가 필요하면 써야 하지요. 강의 내용을 받아 적고 있다고 학생 중심이 아니라고 할 수는 없습니다.

학습 문제 또한 마찬가지입니다. 학생 스스로 학습 문제를 선택해야만 의미 있는 수업이 되는 것은 아닙니다. 교사가 학습 문제를 선정했다고 강압적인 수업이 되는 것도 아니지요. 어떠한 방식이든 학생이 학습 문제에 흥미를 느끼고 자신의 삶에 지식을 적용해 보는 경험을 하는 것이 중요합니다.

2020년 EBS에서 방영된 다큐멘터리 〈다시, 학교〉 1부에서는 '가르치지 않는 학교'라는 제목으로 활동 중심 수업에 대해 비판을 했습니다. 물론 활동만 있고 배움이 남지 않는 수업은 문제입니다. 하지만 교사 혼자 내내 말하는 강의식 수업도 문제는 있습니다.

수업은 교사와 학생 사이에서 벌어지는 지적인 교류입니다. 수업 내용에 따라 적절한 균형을 유지하며 학생을 배움의 중심으로 이끌어야 합니다. 교사와 학생 사이에서 수업의 균형점을 잡는 것은 수업 디자인에서 매우 중요한 일입니다.

3

함께 성장하는
수업 디자인

수업 디자인 요소

수업을 디자인할 때 가장 중요하게 생각하는 3가지 요소가 있습니다. 바로 흥미와 삶, 성장입니다.

첫 번째 요소는 흥미입니다.

일단 흥미가 있어야 아이들이 수업에 빠져듭니다. 수업 중에 아이들의 눈과 표정을 바라보면 수업을 잘하고 있는지 못하고 있는지 바로 알 수 있습니다. 강의식 수업이라도 아이들의 사고를 자극하는 질문을 계속 하다 보면 아이들이 딜레마에 빠져 흥미를 느낍니다. 답을 가르쳐주지 않으면 아이들끼리 토론을 벌이기도 하지요. 활동이 흥미

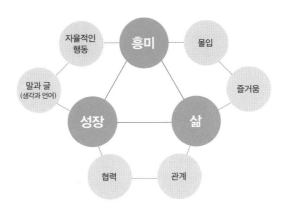

수업 디자인의 요소

로우면 아이들은 끊임없이 묻고 답합니다. 저는 일단 흥미로운 수업을 만들기 위해 노력합니다. 아이들이 몰입할 수 있는 학습 자료와 이야기, 딜레마가 있는 토론 거리와 놀이, 체험 등 흥미있는 수업을 만들기 위한 것이라면 무엇이든 찾아봅니다. 신기하게도 흥미를 추구하다 보면 자연스럽게 몰입하게 되고 배우는 것을 즐기는 아이들을 만나게 됩니다.

두 번째 요소는 삶입니다.

학습한 내용을 삶에 적용할 수 있을 때 배움의 의미를 발견할 수 있습니다. 배운 내용을 삶에 적용하려면 어떻게 해야 할까요? 혼자 책을 읽고 필기를 열심히 한다고 삶에 적용되지는 않습니다. 함께 배우는 관계성을 가지고 있어야 배움이 삶으로 확장됩니다. 아이들은 협력이라는 가치를 바탕으로 함께 도전해야 합니다. 예컨대, 편의점 아르바이트생에게 인권에 대해 인터뷰하는 아이들을 보았습니다. 장애인의 시선에서 바라보고 식당의 문턱을 조사하려고 돌아다니는 아이들도 있었죠. 환경을 살리겠다고 방과 후에 남아서 환경 보호 캠페인 전단지와 이벤트를 스스로 기획하는 아이들이 있었습니다. 운동회에서 마라톤 코스를 만들어 2.5km를 함께 달리기도 했습니다. 아이들 간에 관계를 회복하고 함께 협력하다 보면 수업의 무게가 달라지는 것을 피부로 느낄 수 있습니다. 함께 만들어가는 수업은 단단하고 묵직합니다.

세 번째 요소는 성장입니다.

수업은 학생들의 성장을 담보하도록 디자인해야 합니다. 학생이 얼마나 성장했는가를 알아보기 위해 말과 글, 행동의 변화를 관찰할 수 있도록 수업을 조직해야 하죠. 공식적인 상황에서 자기 생각을 말과 글로 표현하도록 수업을 디자인하는 것도 중요한 부분입니다. 교사가 시키지 않아도 스스로 행동하는 모습이 보이는지를 관찰하며 눈여겨보아야 하지요. 수업의 결과를 어떠한 방식으로든 말과 글로, 행동으로 표현하도록 하는 것이 아이들의 성장을 돕는 길입니다. 성장은 표현의 결과물입니다.

수업을 디자인하는 힘

수업을 디자인하는 힘은 교사의 기획력에 있습니다. 저는 학습자의 흥미와 관심, 학년 및 교육과정, 지역 사회의 특성을 살펴보고, 여기에 교사의 아이디어를 더하여 수업을 기획합니다. 물론 '무엇을 가르칠 것인가?'에 대한 아이디어는 한순간에 쉽게 떠오르지 않습니다. 하지만 하나의 이야기를 만드는 것처럼 오랜 시간 수업을 상상하고 흐름을 고민하다 보면 새로운 수업이 떠오르게 됩니다.

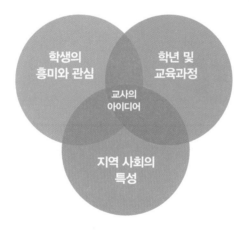

3학년 2학기에는 세시풍속을 배웁니다. 세시는 매년 돌아오는 한 해 중 특정한 시기, 풍속은 예로부터 전해 오는 관례적인 행사죠.

3학년 학생들이 세시풍속을 배우는 모습을 상상해 보세요. 어떤 모습이 떠오르나요? 저는 아이들과 한복을 입고 둘러앉아 송편을 빚는 모습을 상상했습니다. 2학기에는 추석도 있고, 서늘한 날씨에 콩고물 가득한 송편을 쪄서 입에 넣으면 아이들이 좋아할 것 같았습니다. 힘들겠지만 세시풍속에 나름 어울리는 경험이 되겠지요? 하지만 재미만으로 수업할 수는 없습니다. 교육과정을 살펴봐야 하죠.

세시풍속 수업의 성취기준은 '[4사02-04] 옛날의 세시풍속을 알아보고, 오늘날의 변화상을 탐색하여 공통점과 차이점을 분석한다.'입니다. 수업의 흐름은 옛날의 세시풍속을 조사하고 오늘날의 세시풍속과 비교하여 공통점과 차이점을 찾는 것입니다. 옛날과 달리 오늘날에는 세시풍속이 줄어들고 있다는 사실을 밝히고 원인을 분석할 수 있어야 하겠지요. 세시풍속 수업의 핵심은 우리나라가 농경사회에서 벗어나 도시가 발전하면서 가족의 구조가 변했고 점차 세시풍속을 지키지 않게 되었다는 내용을 추론하고 분석하는 것입니다. 3학년 학생들에게는 조금 어려운 내용입니다. 하지만 이처럼 성취기준을 확인하면 수업의 방향이 명확해집니다.

그렇다면 앞서 생각했던 송편 만들기는 포기해야 할까요? 아닙니다. 교과의 차시 분량을 조정하거나 창의적 체험 활동을 활용해 시간을 늘리면 충분히 할 수 있지 않을까요? 이렇게 수업 아이디어의 실현 가능성을 하나씩 검토해 가면서 수업을 디자인해야 합니다.

수업을 디자인하는 힘은 아이들을 바라보는 감식안과 교육과정을 바라보는 교사의 안목에서 나옵니다. 교사는 교육 내용을 바라보며

'왜 가르쳐야 하는가?'에 대해 늘 의문을 품고 수업 디자인을 해야 합니다.

교사와 학생이 함께 만드는 수업

아래 그래프는 지난 수년간 40여 개의 프로젝트 수업을 진행하며 제가 느낀 교사와 학생의 주도성 변화 양상을 나타낸 것입니다. 경험적으로 교사와 학생이 상호 주도하도록 수업을 디자인할 때 학습 효율이 가장 높았습니다. 교학상장이라는 말처럼 교사와 학생이 함께 성장하는 느낌이 들었거든요. 수업 시기별로 주도성의 양상이 어떻게 변화했는지 살펴보겠습니다.

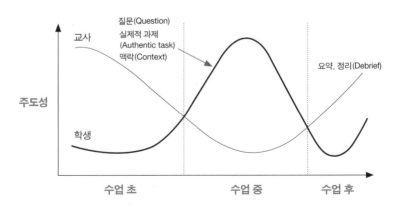

우선, 수업 초기에는 교사의 주도성이 학생보다 높습니다. 교사가 생각거리를 제공하지 않으면 아이들은 학습 문제에 흥미를 느끼지 않습니다. 저는 학생들이 흥미를 갖고 개념을 정확하게 익힐 때까지 수업 초기에는 교사의 주도성을 높게 가져가는 편입니다.

　수업 중기가 되면 학습자의 주도성을 높이기 위해 활동 선택의 기회를 줍니다. 보통 중학년에서는 2~3가지 활동 중에 1가지를 고르게 합니다. 고학년에서는 문제 해결을 위한 아이디어를 스스로 고민하고 선택하도록 합니다. 활동을 선택하는 과정은 학습자의 주도성을 높입니다. 특히 맥락이 살아 있는 실제적인 활동을 수행할 때 아이들의 주도성이 높아지는 것을 확인할 수 있었습니다. 하지만 아쉽게도 아이들의 추진력은 오래가지 않습니다. 피드백을 계속해도 3주를 넘기기 어렵습니다. 과제를 해결하고 마무리해야 할 시점이 다가오면 언제 그랬냐는 듯 학습자의 흥미가 뚝 떨어집니다.

　수업 후기가 되면 놓치지 말아야 할 것이 있습니다. 바로 요약과 정리(Debrief)입니다. 이는 배움의 내용을 요약하고 정리하는 과정입니다. 학습 결과물을 공유하고 발표하거나 학습 과정을 성찰하며 수업 결과에 대한 의견을 공유하는 과정이지요. 주의할 점은 수업 내용을 정리하는 과정이 구체적이어야 한다는 겁니다. 단순히 "재미있었어요.", "좋았어요."라고 말하는 것이 아니고, 어떤 부분이 의미가 있었는지 구체적으로 대화해야 합니다. 수업에 대한 진지한 대화는 다음 수업을 개선하는 디딤돌이 됩니다.

수업은 교사와 학생이 함께 호흡하는 복합적인 특성이 있습니다. 단순히 수업 내용을 잘 조직했다고 해서 수업 디자인을 잘했다고 할 수 없습니다. 결국엔 교사와 학생이 상호 주도하며 수업을 함께 만들어갈 때 교사는 보람을 느끼고 학생은 만족감을 얻을 수 있습니다. 함께 성장하는 수업 디자인은 쉽지 않지만 도전해 볼 만한 가치가 있습니다.

수업 디자인과 평가

수업을 디자인하면 평가가 자연스럽게 바뀝니다. 4학년 지도 수업을 예로 들어보겠습니다.

이 수업은 지도의 기본 요소를 이해하고, 우리 지역 지도에 나타난 지리 정보를 실제 생활에 활용하는 데 있습니다. 교과서에는 지도의 의미를 살핀 후, 방위의 개념을 알고, 기호와 범례, 축적, 등고선 등을 순서대로 살펴보며 지역의 지도에서 특성을 파악하도록 합니다.

그런데 제가 하는 수업은 이와 조금 다릅니다. 아이들과 작은 마을을 만드는 것부터 시작하지요. 아이들에게 작은 종이를 나누어주고 원하는 건물을 2~3개 그려서 붙이도록 합니다.

하나의 마을이 완성되면, 이 마을을 찾아올 수 있는 지도를 어떻게 만들어야 하는지 이야기를 나누기 시작합니다. 모든 건물을 다 나타

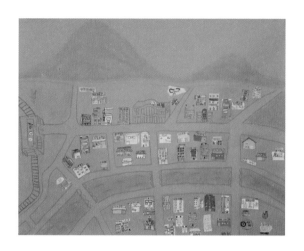

낼 수 없으니 중요한 건물을 표시하는 방법을 배우고, 기호를 쓰는 방법과 방위를 안내하죠. 입체를 평면으로 옮겨야 하니 등고선에 대해서도 배우고 축척에 관해서도 설명합니다. 개념과 내용을 충분히 익히면 마을 그림을 지도로 그리도록 합니다.

평가는 어떻게 할까요? 마을 그림을 지도로 나타낼 수 있는지에 대해 평가합니다.

학생 A의 경우 1차 결과물은 등고선이 잘못된 것을 알 수 있습니다. 1차 결과물에는 범례도 없고, 기차역, 학교 등을 기호로 나타내지 못했죠. 2차 결과물을 보면 훨씬 개선된 모습을 확인할 수 있습니다. 범례와 각종 기호, 등고선 등이 자연스럽게 추가된 모습을 볼 수 있습니다.

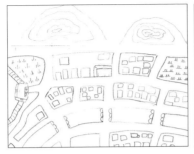

학생 A의 1차 결과물

학생 A의 2차 결과물

학생 B의 1차 결과물

학생 B의 2차 결과물

학생 B의 경우 범례와 방위가 빠졌는데 2차 결과물에서는 범례와 방위가 추가되면서 훨씬 더 정교해진 것을 볼 수 있습니다. 부분적으로 기호도 추가된 것을 알 수 있어요.

수업 디자인을 하면 맥락이 있는 수업을 할 수 있습니다. 활동만 많고 내용이 부족한 수업을 경계하고 자신이 배운 개념을 실제 삶에 적용할 수 있도록 수업을 바꾸는 것이 핵심입니다. 수업 내용을 바꾸는 과정을 거치면 평가해야 할 내용이 분명하게 보이고 더욱 깊이 살펴볼 수 있습니다.

수업 디자인을 위한 7가지 조언

1. 수업은 이야기처럼 풍부한 맥락을 가지고 있어야 한다.
2. 실생활과 접목하여 실천할 수 있는 주제를 선정해야 한다.
3. 재미와 놀이의 요소가 있으면 학습자의 적극적인 참여가 가능하다.
4. 학습자의 흥미, 환경, 목적에 부합하는 동기 유발을 고민하자.
5. 아이들은 진로 및 논쟁적 요소가 있는 주제에 관심이 높다.
6. 협업과 공동의 산출물을 공유하고 수업의 결말을 미리 고민해야 한다.
7. 아이들에게 다양한 읽을거리가 많을수록 수업의 질이 향상된다.

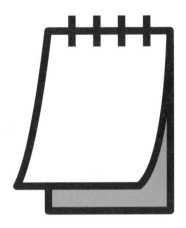

4
—
수업 디자인의
단계별 과정

이 책에서 소개하는 수업 디자인은 단계별 과정을 거쳐 완성됩니다. 수업 기획, 수업 계획, 수업 실천, 수업 평가와 성찰이라는 4가지 단계의 특징을 살펴보면 다음과 같습니다.

수업 기획
—

수업 기획은 '무엇을 가르칠 것인가?'에 대한 아이디어를 떠올리고 조직하는 과정입니다. 수업 아이디어를 그림을 그리듯 떠올리고 생각을 정리하는 과정이지요. 집을 짓는 과정에 비유하자면 일종의 설계도를 만드는 것과 같습니다. 이 과정에서는 특정 주제를 중심으로 새로운 수업 아이디어를 떠올리고 교육과정, 지역, 학급 상황 등을 고려하여 실현 가능성을 검토합니다.

수업 기획을 하다 보면 논리적인 접근을 시도하게 되지만 중요한 것은 새로운 수업을 상상하고 스토리로 연결하는 힘을 가지는 것입니다. 창의적인 수업을 시도하려면 논리를 넘어서는 상상력과 맥락적인 이야기가 살아 있어야 합니다.

수업 계획

수업 계획은 '어떻게 수업할 것인가?'에 대한 답을 정리하는 과정입니다. 수업 목표 달성을 위해 해야 할 일을 시간의 순서에 따라 정리하는 것을 말합니다. 일정표를 작성하는 것과 유사합니다. 수업 기획이 큰 그림을 그리는 과정이라면, 수업 계획은 세부적인 일정을 체계적으로 정리하는 과정입니다. 수업 계획서를 작성하는 방법은 다양합니다. 달력처럼 만들 수도 있고, 표를 활용하여 차시별로 작성할 수도 있습니다.

수업 계획에서 중요한 것은 실천 가능성이 큰 계획서를 작성하는 것입니다. 복잡한 서식을 활용하기보다 실제 수업에서 힘을 발휘할 수 있는 유용한 계획서를 작성하는 것이 핵심입니다. 계획서 서식은 단순한 것부터 시작해서 조금씩 늘려가며 수업 목표 달성을 위해 유용한 형태로 변형해 나가면 좋습니다.

수업 실천

　수업 실천은 수업 아이디어가 실현되는 과정입니다. 문제는 참신한 기획과 철저한 계획에도 불구하고 수업 실천 과정에서 많은 불일치가 발생한다는 점입니다. 아이들이 수업 내용을 어렵게 생각하거나 흥미를 느끼지 못하는 경우도 많아서 열심히 작성한 수업 계획서를 바라보며 한숨을 내쉴 때도 있습니다. 이런 경우에는 아이들을 바라보며 수업을 조절해야 합니다. 수업 계획서만 믿고 꾸역꾸역 수업하다 보면, 결국 교사와 학생 모두 만족하지 못하는 수업이 되고 맙니다. 수업은 교사와 학생의 상호작용이 그 무엇보다 중요합니다.

　수업 실천 과정에서 나타나는 목표와 현실의 불일치를 메우는 효과적인 방법은 동료 교사와 대화하며 팁을 얻거나 유사한 수업 사례를 살펴보며 활동을 수정해 나가는 것입니다. 수업에 대한 자신만의 신념을 바탕으로 꾸준히 실천하다 보면 나름의 노하우가 생기기 마련입니다.

수업 평가와 성찰

수업 평가와 성찰은 자신의 수업을 돌아보는 계기를 마련하고 학생을 목표에 도달할 수 있도록 돕는 과정입니다. 평가는 수업과 다르지 않습니다. 수업을 하는 동안 자연스럽게 아이를 관찰하고 어려워하는 아이에게 적절한 도움을 주는 과정이 평가입니다. 그 과정에서 교사는 자신의 수업을 돌아보고 문제를 발견하기도 하지요. 이러한 평가와 성찰 과정을 통해 교사 역시 함께 성장합니다.

주의할 점은 평가를 시험과 동일시하지 않는 것입니다. 선별과 경쟁으로 얼룩진 시험과 학벌 구조가 근본적으로 변화해야 하지만 쉽지 않은 것이 현실입니다. 아이들의 다양성을 인정하고 아이가 가진 강점을 함께 찾아 천천히 변화할 수 있는 계기를 마련하는 것이 평가와 성찰이 지닌 힘입니다.

수업과 삶

각 시도교육청의 비전을 살펴보면, 미래, 혁신, 역량, 행복, 민주시민, 삶과 같은 단어가 자주 등장합니다. 저는 특히 '삶'이라는 키워드가 교육의 본질을 회복하는 핵심어라고 생각합니다. 모든 수업의 방향이 삶을 향해 있다고 생각하기 때문입니다.

제가 생각하는 수업의 영역은 다음 그림과 같습니다.

삶 속에 수업이 있고, 수업 안에 평가와 교육과정이 들어 있습니다. 교사가 수업을 바꾸려면 수업의 영역을 잘 알아야 합니다. 교육과정에서 수업에 영향을 주는 성취기준을 제대로 알아야 하고, 성취기준을 바탕으로 평가 기준을 세울 수 있어야 합니다. 그래야 수업을 삶과 연결할 수 있지요.

학교 현장에서 교육과정 재구성이라는 말을 자주 합니다. 교육과정을 바탕으로 교과 목표를 성취할 수 있도록 교육 내용을 시기, 지역, 학교, 학습자의 수준 등을 고려해서 재조직하는 것을 말합니다. 쉽게 말해 교과서 집필진이 이미 구성한 자료를 학급 현실에 맞추어 재구성한다는 것이죠. 하지만 저는 조금 다르게 생각합니다. 교육과정을 아이들의 삶과 연결하는 것이 곧 교육과정 재구성이라고 생각합니다. 목표 성취도 중요하지만 가장 중요한 것은 아이들의 삶입니다. 교사가 가르치고자 하는 수업이 아이들의 삶과 연결되지 않는다면 아무런 의미를 남길 수 없습니다. 아이들을 바라보고 수업을 계획해야지 성취기준이나 학습 목표만 바라보고 수업을 짜게 되면 어떤 방식으로 재구성을 하든 딱딱한 수업이 될 것입니다.

인간은 살기 위해 배웁니다. 구석기 시대의 교육과정이라는 우화로 유명한 해럴드 벤자민(H. Benjamin)의 《검치 호랑이 교육과정》처럼 인간은 아주 오래전부터 삶을 살아가기 위해 끊임없이 배우고 또 배워야 했을 겁니다. 수업하는 궁극적인 목적이 아이들의 삶을 바꾸는 데 있지 않다면 그 많은 수업이 무슨 소용일까요? 수업과 삶의 목적이 일치되지 않는다면 아이들이 학교에서 수업을 들어야 할 이유가 없을 것입니다.

삶과 맥락이
살아 있는
수업을 만들다

Day 2

교과 중심 수업 디자인

1					
2					
3					
4					
5					
6					
7					

교과 중심
수업 디자인이란?

교과는 학교에서 가르쳐야 할 내용을 분야별로 나누어놓은 것입니다. 각 교과의 목표 성취를 위해 교육 내용을 조직하고 시간표를 편성하여 운영하지요.

문제는 '교과서를 가르치는 것'을 '교과를 가르치는 것'으로 생각하는 경향이 많다는 것입니다. 대한민국 수업 1교시가 "○○쪽을 펴세요!"로 시작해서 "다음 시간에는 ○○쪽을 공부합시다."로 끝나는 것이 우리의 현실입니다. 교과서를 다루지 않으면 수업을 하지 않았다고 여기는 교사도 여전히 많습니다. 물론 교과서는 교과 목표 달성을 위해 만들어진 효과적인 도구입니다. 하지만 학급의 상황과 맥락에 상관없이 진도 나가기에 급급한 현실은 아쉽기만 합니다.

그렇다면 교과는 어떻게 가르쳐야 할까요?

이홍우 교수는 《지식의 구조와 교과》에서 교과는 교과답게 가르쳐야 한다고 주장했습니다. 그에 따르면 '교과답게 가르친다는 것'은 특정한 교수 기법이나 교육 방법을 의미하는 것이 아니라, 교과가 담고 있는 지식, 기능, 태도가 무엇이고, 어떤 방식으로 제시해야 하는지 생각하며 가르치는 것을 뜻합니다. 내용에 대한 깊이 있는 분석과 왜 가르쳐야 하는지에 대한 가치를 탐구하는 과정이 바로 '교과를 교과답게 가르치는 것'입니다.

저는 이 견해에 더하여 교과와 삶을 연계하여 수업을 디자인해야 한다고 생각합니다. 단원을 중심으로 왜 이 단원을 가르쳐야 하는지, 가르칠 내용이 아이들의 삶과 어떠한 연관이 있는지를 밝히고 이를 수업으로 연결해야 합니다. 삶의 맥락 속에 교과의 의미가 반영되도록 수업의 목적을 분명히 하고, 교과에 담겨 있는 지식, 기능, 태도를 삶에 적용하여 수업을 디자인해야 합니다.

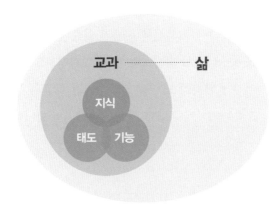

교과 중심 수업 디자인
어떻게 할까?

1. 수업 기획

교과 중심 수업 디자인에서 수업 기획의 전략은 '브레인스토밍'입니다. 브레인스토밍은 1939년 광고 회사 책임자였던 알렉스 오스본(Alex Osborn)이 창안한 것으로, '머리를 써서 어떤 문제를 공격하는 것'이란 뜻입니다. 신입사원들이 회의 중에 아이디어를 떠올리지 못하는 것을 보고 만들어낸 방법이지요.

브레인스토밍은 아이디어가 많을수록 더 좋은 아이디어가 나온다는 것을 전제로 합니다. 비난을 자제하고 특이한 아이디어를 환영하며, 떠올린 아이디어를 조합, 개선하면 뛰어난 아이디어를 얻을 수 있다는 회의 규칙으로 유명하죠.

브레인스토밍을 활용하여 4학년 1학기 과학에 나오는 '지층과 화

석' 단원을 중심으로 교과 중심 수업을 디자인해 보겠습니다. 이 과정
은 혼자 할 수도 있지만 동학년 선생님과 함께하면 더 좋습니다.

(1) 활동 떠올리기

'지층과 화석'이라는 단원명을 보면 어떤 활동이 떠오르나요?

4학년을 가르쳐본 경험이 있다면 모형과 관련된 아이디어가 떠오
를 겁니다. 지층 모형, 퇴적암 모형, 화석 모형 등 지층과 화석의 개념
을 이해하기 위해 모형 만들기는 필수입니다.

문제는 화석입니다. 조개 화석 모형 만들기 이외에는 도무지 흥미
로운 소재가 없습니다. 그래서 수업을 매력적으로 바꿀 만한 아이디
어가 필요합니다. 이때 브레인스토밍으로 더 좋은 아이디어를 떠올릴
수 있습니다.

우선, 종이 가운데 단원명을 적고 동그라미를 칩니다. 동그라미와

선을 연결하며 아이들과 해보고 싶은 활동을 적어보세요. 교과서를 보지 않고 떠오르는 활동을 적어야 기존의 틀을 벗어날 수 있습니다. 실현 가능성이 낮은 아이디어라도 소중하게 생각하고 최대한 적어보세요. 주의할 점은 활동을 적을 때 동사형 어미를 함께 써야 한다는 것입니다. 예를 들어, 노래라고 적으면 관련 노래를 찾는 것인지 부르는 것인지 알 수 없습니다. 동사형 어미를 정확하게 적어야 활동이 구분됩니다. 최소 10가지 이상의 활동을 떠올려보세요.

(2) 활동 분류하기

브레인스토밍 결과 다양한 수업 아이디어가 나왔습니다. 하지만 모든 활동을 실행할 수는 없겠지요. 가장 흥미로운 아이디어 한 가지에 별 표시를 해보세요.

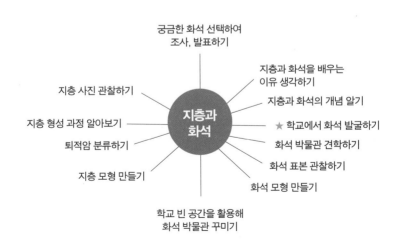

저는 '학교에서 화석 발굴하기' 활동에 별 표시를 했습니다. 하교 후에 아이들 몰래 땅을 파서 화석을 묻은 뒤, 퀴즈를 풀어가며 화석을 발굴하는 활동입니다. 재미있는 아이디어 아닌가요? 때로는 이처럼 엉뚱한 상상이 수업을 매력적으로 바꾼답니다.

브레인스토밍으로 만든 아이디어는 4MAT 학습 사이클을 활용하여 '경험, 개념화, 적용(행동 및 통합)'으로 분류해 봅니다. 이런 분류가 어렵다면 수업 전, 중, 후로 구분하는 것도 좋습니다.

4MAT 학습 사이클로 아이디어를 분류하면 수업의 흐름을 파악할 수 있습니다. 무엇을 경험하고 개념화하여 적용할지가 한눈에 보이지

요. 하지만 이것만으로는 부족합니다. 교육과정과의 연계성을 고려하여 활동을 추가하거나 삭제하고, 성취기준과 교과서를 비교하며 활동을 수정해야 합니다.

(3) 성취기준과 비교하기

> [4과06-01] 여러 가지 지층을 관찰하고 지층의 형성 과정을 모형을 통해 설명할 수 있다.
> [4과06-02] 퇴적암을 알갱이의 크기에 따라 구분하고 퇴적암이 만들어지는 과정을 모형을 통해 설명할 수 있다.
> [4과06-03] 화석의 생성 과정을 이해하고 화석을 관찰하여 지구의 과거 생물과 환경을 추리할 수 있다.

지층과 화석에 관련된 성취기준은 크게 3가지입니다. 성취기준은 어떻게 읽어야 할까요? 성취기준은 일반적으로 분절하며 읽습니다. 첫 번째 성취기준을 예로 들겠습니다.

여러 가지 지층을 관찰하고 / 지층의 형성 과정을 / 모형을 통해 설명할 수 있다.

성취기준을 나누어보면 교사의 주관에 따라 2~3가지 활동으로 구분할 수 있습니다. 저는 ①여러 가지 지층 관찰하기, ②지층의 형성 과정 이해하기, ③지층의 형성 과정 모형으로 설명하기로 나누어봤습니다.

이처럼 성취기준을 나누어 분석하면 핵심적인 활동을 구체적으로 찾을 수 있습니다.

① 여러 가지 지층 관찰하기
② 지층의 형성 과정 이해하기
③ 지층의 형성 과정 모형으로 설명하기
④ 알갱이의 크기에 따라 퇴적암 구분하기
⑤ 퇴적암이 만들어지는 과정 모형으로 설명하기
⑥ 화석의 생성 과정 이해하기
⑦ 화석을 관찰하여 지구의 과거 생물과 환경 추리하기

(4) 수업 디자인하기

이제 브레인스토밍 결과물과 성취기준을 비교하며 수업을 디자인 할 차례입니다.

'화석 박물관 꾸미기'나 '학교에서 화석 발굴하기' 등의 활동은 성취기준에는 없습니다. 하지만 의미 있는 교육 활동이라고 판단되면 수업시수를 늘려서 실천할 수 있습니다.

'화석을 관찰하여 지구의 과거 생물과 환경을 추리하는 활동'은 브레인스토밍 결과에서는 누락된 것을 확인할 수 있습니다. 이 단원을 가르치는 이유는 지층과 화석을 이해하게 함으로써 과거에서 현재까지 지구의 모습과 생명체의 변화에 대한 흥미와 호기심을 갖게 하는데 있습니다. 따라서 추리 활동은 꼭 필요한 활동이므로 추가하는 것이 좋습니다.

'화석 박물관 견학'은 학교 현장의 상황에 따라 달라질 수 있으니 추가 여부는 선택의 문제입니다.

아래 도표는 수업 디자인 결과물입니다. 지층과 화석으로 구분하여 경험한 내용을 개념화하고 삶에 적용하도록 구성하였습니다.

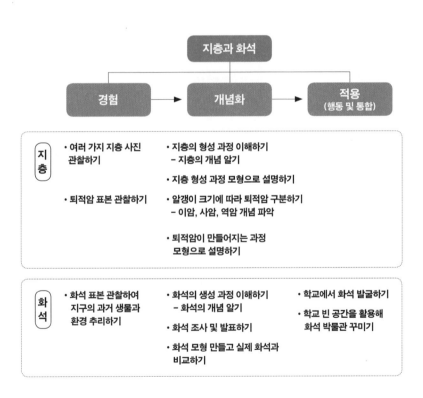

이처럼 성취기준 내용과 비교하여 핵심적인 활동을 빠뜨리지 않으면서도 삶 속에 적용해 볼 수 있는 창의적인 아이디어를 실천하는 것이 수업 디자인의 핵심입니다.

2. 수업 계획

주제 지층과 화석을 찾아서(15차시)

학습 목표
- 지층의 특징과 지층이 만들어지는 과정을 설명할 수 있다.
- 퇴적암을 알갱이의 크기에 따라 분류하고 퇴적암이 만들어지는 과정을 설명할 수 있다.
- 화석이 만들어지는 과정을 설명할 수 있다.
- 화석을 이용하여 지구의 과거 생물과 환경을 추리할 수 있다.

핵심 개념 지층, 화석, 퇴적암

관련 교과 과학

차시	활동	준비물 및 유의점
1	• 여러 가지 지층 사진을 관찰하고 지층의 개념 알기	지층 사진, PPT
2	• 그림 카드를 활용하여 지층의 형성 과정 이해하기	그림 카드 4장
3	• 지층 모형을 만들고 설명하기 – 모둠별 희망하는 자료를 활용하여 지층 모형 만들기	플라스틱 컵, 자갈, 모래, 물 풀 등
4	• 퇴적암을 관찰하고 알갱이의 크기에 따라 분류하기 – 이암, 사암, 역암의 특징 관찰하고 적기	퇴적암 표본, 돋보기 (이암, 사암, 역암)

5	• 퇴적암 모형을 만들어 실제 퇴적암과 비교하기 • 퇴적암이 만들어지는 과정 모형으로 설명하기	물풀, 진흙, 모래, 자갈, 숟가락, 투명한 플라스틱 컵
6	• 여러 가지 화석 표본 관찰하기 • 화석 속 생물이 살았을 때의 모습과 화석이 발견되는 지역의 환경 추리하기	화석 표본, 사진 자료
7	• 화석의 개념을 알고 생성 과정 이해하기	
8	• 궁금한 화석 선택하여 조사하기	화석 발굴 수업과 연계
9	• 화석 조사 결과 정리하고 발표하기	4절지
10	• 화석 모형을 만들어 실제 화석과 비교하기	찰흙판, 찰흙 반대기, 알지네이트 반죽, 화석 표본
11~12	• 학교에서 화석 발굴하기	화석 모형, 꽃삽, 장갑
13~14	• 자연사 박물관 꾸미기	테이블
15	• 지층과 화석 정리하기	

3. 수업 실천

우리 반 학생들은 화석에 대한 흥미가 남달랐습니다. 공룡을 좋아하는 아이들도 많았고, 수업 초기부터 화석에 대한 호기심이 매우 높았지요. 그래서 지층보다는 화석에 더 초점을 두게 되었습니다.

지층 수업은 기존의 교과서 활동과 크게 다르지 않았습니다. 하지만 화석 수업은 고고학자가 되어 '학교에서 화석 발굴하기'라는 목적을 갖고 깊이 빠져들기 시작했습니다.

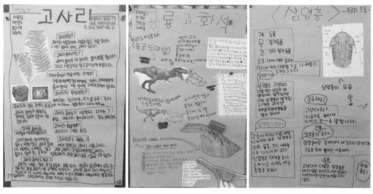

　자연스럽게 화석에 대한 조사 활동도 깊게 이루어졌습니다. 고사리, 공룡, 삼엽충, 암모나이트 등 다양한 화석을 모둠별로 조사하여 발표했습니다. 알지네이트 반죽을 활용한 화석 모형도 다양하게 제작했지요.

그러던 어느 날, 화석 발굴 수업을 위해 아이들 몰래 꽃삽을 들고 학교 주변에 화석 모형을 묻었습니다. 화석이 묻혀 있는 장소를 사진으로 남겨 어느 장소인지 추리할 수 있는 자료도 만들었습니다. 그리고 사흘 후, 마치 예능 프로그램의 한 장면처럼 화석 발굴 수업을 진행했습니다.

화석 퀴즈를 맞힌 모둠에게 화석이 묻혀 있는 장소의 사진을 주었습니다. 아이들은 학교 구석구석을 돌아다니며 화석을 발굴하기 시작했죠. 화석을 발굴해 냈을 때 "와!" 하는 함성과 표정을 아직도 잊을 수

가 없습니다. 집에 갈 때까지 화석에 관한 이야기로 떠들썩했습니다.

화석 수업은 단순히 화석을 발굴하는 재미에만 집중하지 않았습니다. 화석 퀴즈를 통해 다양한 화석 이야기와 형성 과정을 정확히 맞혀야만 발굴할 기회가 주어졌기 때문입니다.

이렇게 발굴한 화석은 학습 결과물과 함께 전시하여 화석 박물관을 꾸미는 것으로 수업을 마무리하였습니다.

4. 수업 평가

교과 중심 수업 디자인에서는 평가를 제대로 하는 것이 매우 중요합니다.

평가의 목적은 학생의 성장을 돕는 데 있습니다. 피드백도 중요하고 학생을 관찰하고 격려하는 방법도 중요합니다. 이를 위해 무엇보다 교사는 평가 기준을 제대로 세울 수 있어야 합니다.

'여러 가지 지층을 관찰하고 지층의 형성 과정을 모형을 통해 설명할 수 있다.'라는 성취기준으로 평가 기준을 만들어보겠습니다. 아래 표에 평가 수준별로 어떤 내용이 들어가야 할지 평가 기준을 떠올려 보세요.

교육과정 성취기준		평가 기준
[4과06-01] 여러 가지 지층을 관찰하고 지층의 형성 과정을 모형을 통해 설명할 수 있다. 〈탐구 활동〉 지층이 쌓이는 순서 실험하기	상	
	중	
	하	

성취기준에서 '~ 설명할 수 있다.'라는 문장을 보고 1가지를 설명할 수 있으면 '하', 2가지를 설명할 수 있으면 '중', 3가지를 설명할 수 있으면 '상'이라고 적는 경우가 많을 것입니다. 물론 틀린 건 아닙니다. 하지만 이 경우 평가 수준을 나누는 기준이 모호합니다. 수업 내용을 좀 더 구체적으로 살펴볼 필요가 있지요.

상, 중, 하를 구분하는 기준은 '지층 모형을 통해 지층이 쌓이는 순서를 설명할 수 있는지'입니다. 그중에서 실제 지층과 모형이 형성되는 과정에 어떠한 공통점과 차이점이 있는지에 관해 설명할 수 있는 학생이 '상'에 해당합니다.

교육과정 성취기준		평가 기준
[4과06-01] 여러 가지 지층을 관찰하고 지층의 형성 과정을 모형을 통해 설명할 수 있다. **〈탐구 활동〉** 지층이 쌓이는 순서 실험하기	상	지층 형성 과정을 나타낸 모형과 실제 지층이 형성되는 과정을 비교하여 공통점과 차이점을 설명할 수 있다.
	중	지층 형성 과정 모형 실험을 통해 지층이 쌓이는 순서를 설명할 수 있다.
	하	여러 가지 지층을 관찰하고 지층에는 여러 가지 모습이 있다는 것을 말할 수 있다.

수업 지도안을 작성할 때를 제외하고는 평가 기준을 자세히 살펴보지 않는 경우가 많습니다. 하지만 결국 평가를 잘하기 위해서는 수업 내용에 대한 교사의 이해도가 높아야 합니다. 제대로 된 평가는 수업을 노련하게 만듭니다.

장사의 신, 중심지를 찾아라!

> **목표** 중심지의 뜻을 알고 다양한 중심지의 위치, 기능, 경관의 특징을 설명할 수 있다.
>
> **성취기준** [4사03-02] 고장 사람들의 생활과 밀접하게 관련이 있는 지역의 다양한 중심지(행정, 교통, 상업, 산업, 관광 등)를 조사하고, 각 중심지의 위치, 기능, 경관의 특성을 탐색한다.
>
> **관련 과목** 사회(10차시)

초등 4학년 사회과에서 난해한 개념 중 하나가 바로 '중심지'입니다. 교과서에는 사람들이 많이 모이는 장소를 중심지라고 설명합니다. 하지만 단순히 사람이 많이 모였다고 중심지가 될까요? 놀이터에 사람들이 많이 모여 있다고 해서 중심지라고 하지는 않습니다.

중심지는 주변 지역과의 관계를 바탕으로 정의해야 합니다. 중심지는 주변에 재화와 서비스를 공급하는 기능이 모여 있는 장소를 의미하는데, 단순히 사람이 많이 모인다는 것만으로 설명할 수 없습니다. 따라서 중심지와 주변(배후지)의 관계를 바탕으로 중심지의 역할을 설명하고, 중심지의 장소적 특성을 함께 살펴볼 필요가 있습니다. 교과 중심으로 수업을 디자인하기 위해서는 이렇듯 개념을 명확하게 정리하고 수업의 흐름을 파악해야 합니다.

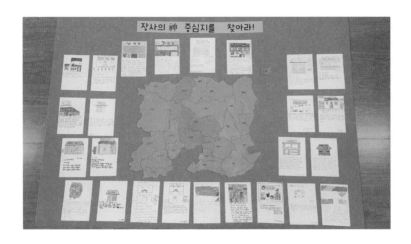

중심지를 왜 배워야 할까?

중심지 수업의 가장 큰 문제는 아이들이 중심지를 배워야 할 이유를 찾지 못한다는 점입니다. 아이들의 삶의 반경과 거리가 먼 내용이라 흥미가 떨어질 수밖에 없습니다. 중심지 답사를 다녀오는 활동이 교과서에 나오지만, 맹목적으로 답사를 다녀오라고 할 수도 없는 일이어서 지역 사진만 보고 넘어가는 경우도 많습니다.

이 수업을 제대로 하려면 아이들이 중심지를 배워야 할 만한 뚜렷한 이유를 찾아야 했습니다. 동학년 선생님들과 브레인스토밍으로 한참을 대화한 후에 좋은 아이디어가 떠올랐습니다. 바로 '장사'였습니다. 어디에서 장사를 하면 좋을지 생각하다 보면 자연스럽게 중심지의 개념을 익힐 수 있으니까요.

어디에서 장사할래?

"혹시 나중에 커서 장사하고 싶은 사람 손 들어볼래요?"

"승윤아, 너는 무슨 장사를 하고 싶니?"

"저는 치킨 가게를 하고 싶어요. 제가 좋아하는 치킨을 마음껏 먹을 수 있잖아요."

"저는 커피숍을 운영하고 싶어요. 엄마랑 커피숍에 가면 기분이 좋거든요."

"저는 짜장면 가게를 하고 싶어요."

"좋아요. 여러분이 실제로 장사를 한다고 생각해 봐요. 어디에서 장사하고 싶나요?"

"사람이 많은 곳에서 할래요. 그래야 돈을 벌죠."

"저는 시장에서 할래요. 시장에도 사람이 많아요."

"저는 큰 회사가 많은 곳에 커피숍을 차리고 싶어요. 회사원들이 점심에 커피를 많이 먹는 걸 TV에서 봤어요."

장사 이야기를 하다 보니 자연스럽게 중심지의 개념을 소개할 수 있었습니다. 인터넷 지도를 보여주며 우리 지역의 중심지를 찾고 주변 지역과의 관계를 살펴보았습니다. 부분적으로 각 지역별 특산물과 해수욕장의 분포, 교통 지도 등을 함께 살펴보며 중심지를 알아보는 방법도 익혔지요. 실제로 답사를 하는 것은 무리라고 판단하고 인터넷 지도의 도로 뷰 기능을 알려주었습니다. 비록 답사는 못 하더라도 인터넷으로 주변 환경을 편리하게 둘러볼 수 있어서 답사한 것과 유사한 효과를 볼 수 있었습니다.

장사할 곳을 찾아라!

팀별로 지역을 나누고 장사를 하고 싶은 장소를 인터넷 지도를 활용하여 둘러보았습니다. 시(市) 지역을 선택한 학생들은 시청이나 역 주변 도로 뷰를 살펴보며 빠르게 문제를 해결했어요. 반면에 군(郡) 단위 지역을 선택한 학생들은 알맞은 지역을 찾기 어려워했습니다. 시장이나 군청 주변을 열심히 찾아보더군요.

중심지를 제대로 파악하려면 교통망과 인구의 흐름을 파악할 수 있어야 합니다. 예를 들어 지역에서 환승이 많은 정류장이나 지하철 역을 중심으로 중심지를 찾거나 공공기관, 회사, 상점, 극장, 미술관 등 시설이 모여 있는 곳을 중심으로 중심지를 찾아야 합니다. 하지만 상업 시설은 도시에 국한되어 있어 촌락 지역에서 중심지를 찾는 데 어려움이 많았습니다.

위치: 시청주변상가

이유: 팥빙수가게로 정한 이유는 사람들이 팥빙수를 좋아할것 같아서 팥빙수가게로 정했다. 그리고 왜 수제팥빙수 이냐면 저기가 더 맛있어 보이고 더 튼튼할 것 같다. 또 왜 수제팥빙수냐면 수제팥빙수 이고 또 왜 시청주변이냐면 시청주변에 사람이 많이 때문이다.

위치: 문경시 시청앞 담고로

이유: 시청앞의 교통은 편리하고, 사람도 많고 시청은 중심지이기 때문이다. 그리고 시청에서는 점심을 먹는시간이 따로 정해져 있기 때문에 금방 먹을 수 있는 치킨이 편리할 것 같다. 그리고 시대먹을 수도 있어서 편리할 것 같다.

이곳은 또한 시청에 횟집을 차릴 것입니다. 왜냐면 국도서쪽 부근에 있는 사거리앞에도 안있어 사람이 많이 오기 때문입니다. 횟집을 차린 이유는 "꿈꿈 맛있을 것 같아서" 이곳에 차리게 되었습니다. 그리고 가게 이름은 "행복한 횟집"라는 것으로 했더니 행복이 성공되면 장사도 잘되서 사람이 올 거 같았습니다.

위치: 안동시청 앞

왜 이 장소를 했는지 안동시청 앞이 사람이 많이 오고 가게 이름을 왜 길거리 안동 찜닭 했냐면 길거리에 있고 안동 찜닭을 좋아해서 이다.

이곳은 포항 영일대해수욕장 주변에 카페를 차릴것 입니다. 영일대 해수욕장은 사람들이 가장 좋아하는 해수욕장으로 친목 모임이나 나들이, 데이트, 3대 여행등으로 놀러가기 깨끗하고 좋려라고 합니다. 7,8월에 많은사람들 모이며 20대 40대 분들이 많이 옵니다. 그래서 분위기 좋은 카페를 조리해 분위기에도 어울리고, 맛지도 좋아서 많은 사람이 모였으면 좋겠습니다.

장소: 울진 근처 주변

가게: 분식집 (맛나 분식)

이유: 울진 근처 주변 이니 사람들도 많이 다닐 것이고 멀지 않은 곳에 분식점이 있으니 있다가 사갈 수 있다 하고 나라이 사적으만 팔릴께 같아서 입니다.

조사 활동을 마친 후에는 장사하고 싶은 장소와 이유, 상점의 모습을 그림으로 그렸습니다. 결과물을 살펴보면, 아이들이 시청과 군청, 시장, 해수욕장 등 중심지를 찾아 장사할 곳을 선택한 것을 볼 수 있습니다. 사람이 많고 교통이 편리하다는 중심지의 특징을 파악하고 있으며, 자신이 선택한 업종에 대해 흥미를 느끼고 수업에 참여했음을 알 수 있습니다.

중심지 수업을 했던 한 아이는 수업 후 부모님과 함께 답사를 다녀오기도 했습니다. 계획서에 적은 것처럼 실제로 장사를 할 수 있는지 궁금했기 때문이에요.

2018. 4. 2. (월)

장사할 장소로 경주를 선택한 이유는 신라의 수도였고 역사적 배경을 지닌 관광 중심지이기 때문이다. 경주의 유적과 유물을 보기 위해 많은 사람이 모여들기 때문에 관광 기념품 장사가 잘 되리라 생각했다.

장사 계획서를 작성하면서 장사는 단순히 물건을 파는 것이 아니라 장소 선정과 제품 선택 등 철저한 계획이 필요하다는 것을 깨달았다.

2018. 4. 7. (토)

장사 계획서에 버스터미널에서 기념품 장사를 하고 싶다고 했지만, 직접 가보지 못해서 구체적인 계획을 세우기 어려웠다. 실제로 가보니 경주 버스터미널에는 빵 가게나 커피숍은 많았지만, 기념품 가게는 단 한 곳도 없었다. 주변 관광지에는 한 곳이 있었는데, 그마저도 낡고 오래되었다. 그래서 나는 버스터미널 근처에서 기념품 장사하는 것이 괜찮은 선택이라고 생각했다.

중심지라는 개념은 초등학생에게 다소 어렵고 친숙하지 않은 내용입니다. 하지만 '장사'라는 소재로 수업의 흐름을 만들고 자신의 삶 속에 배운 내용을 적용할 수 있도록 수업을 디자인하니 수업이 한 편의 이야기처럼 흘러갔습니다.

노잣돈 갚기 프로젝트

목표 작품에서 얻은 깨달음을 바탕으로 바람직한 삶의 가치를 내면화할 수 있다.

성취기준 5~6학년군 국어과 성취기준 전반

관련 과목 국어(24차시)

한 학기 한 권 읽기는 학년 수준과 학습자 개인의 특성에 맞는 책을 한 학기에 한 권씩 긴 호흡으로 읽을 수 있도록 하는 데 목표를 두고 있습니다. 한 학기 한 권 읽기는 특정 성취기준을 독립적으로 다루지 않고 있기에 문학 작품을 중심으로 한 창의적인 수업 디자인이 가능합니다. 이번 수업은 동화책《노잣돈 갚기 프로젝트》를 바탕으로 수업 디자인을 했습니다.

《노잣돈 갚기 프로젝트》는 저승사자의 실수로 저승에 간 동우가 이승에 오기 위해 빌린 노잣돈을 갚는 과정에서 양심과 우정을 찾아가는 이야기입니다. 학급 내에서 권력의 맨 꼭대기에 있는 동우가 보잘것없다고 여겼던 준희에게 착한 일을 하며 노잣돈을 갚아나가는 내용입니다.

이 책은 관계 맺기를 시작하는 학기 초나 학교폭력 예방 교육과 연계하면 좋습니다. 저승사자라는 흥미로운 인물과 친구에게 노잣돈을 갚아나가는 동우의 모습은 학생들의 삶과 연결되는 좋은 소재입니다.

이야기 중심으로 수업 디자인하기

쪽수	활동내용	국어과 관련 성취기준
들어가기	• 책 제목을 보고 글의 내용 상상하기 • 책 표지를 따라 그리기	
7~10	〈1장〉 검은 버스 • 인물에게 일어난 사건 알아보기 • 앞으로 일어날 일 예상해 보기	[6국02-01] 읽기는 배경지식을 활용하여 의미를 구성하는 과정임을 이해하고 글을 읽는다.
11~21	• '내가 동우라면?' – 49일간 노자 갚기 프로젝트 계획 세우기 • 인물의 말과 행동을 통해 동우의 가치관 살펴보기 • 나의 저승의 곳간 그리기	[6국05-02] 작품 속 세계와 현실 세계를 비교하며 작품을 감상한다. [6국05-06] 작품에서 얻은 깨달음을 바탕으로 하여 바람직한 삶의 가치를 내면화하는 태도를 지닌다.
22~30	〈2장〉 저승에서 온 노자 장부 • 나만의 노자 장부 만들기 : '나의 곳간도 동우처럼 비어 있다면, 나는 누구에게 얼마나 노자를 빌렸을까?' 상상해서 만들기	

동화책 수업 디자인 예시

수업은 동화책의 장별로 성취기준과의 연계성을 고려하여 디자인했습니다. 이야기의 흐름을 그대로 유지하면서 성취기준과 관련된 활동을 구상하여 수업했습니다. 하지만 단순히 책을 함께 읽는 것만으로는 부족했습니다. 그래서 책을 읽은 후, 서로 토론하고 대화를 나누며 자기 생각을 적거나 그림으로 표현할 수 있는 워크북이 필요했습니다.

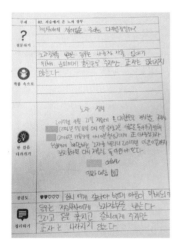

워크북은 네 부분으로 구성했습니다. 학생이 쓴 글이 없다고 생각하고 워크북을 살펴보세요. 수업에 따라 자유롭게 표현할 수 있도록 만든 워크북임을 알 수 있을 거예요.

- **질문하기** 책을 읽고 궁금한 내용 적기
- **작품 속으로** 교육과정과 연계하여 할 수 있는 작품 속 활동
- **한 걸음 다가가기** 교육과정을 넘어 학생의 삶과 연계한 활동
- **정리하기** 수업 활동을 정리하거나 느낀 점 적기

친구에게 노잣돈 갚기

관계가 소홀했거나 그동안 미안했던 친구에게 착한 일을 하면서 노잣돈을 갚는 수업을 진행하였습니다. 한 주 동안 5개의 노자를 갚는 활동을 진행했는데, 학생들이 적극적으로 참여하여 관계를 회복하는 모습을 볼 수 있었습니다.

동물에 대한 따뜻한 사랑 나눔

—

이 책에 나오는 주인공 동우는 길
고양이를 보살피고 준희를 도와 새
끼 고양이에게 먹이도 주게 됩니다.
동우는 마지막 장면에서 자신의 목
숨을 바쳐 새끼 고양이를 구하게 되
는데, 실제로 유사한 일이 벌어지기

도 했습니다. 길고양이에게 먹이를 주는 학생들도 생겼고, 심지어 길
가에 버려진 새끼 고양이를 구하는 일까지 생겼지요. 아쉽게도 새끼
고양이는 일주일을 버티지 못했지만, 이 수업을 계기로 학생들의 삶
에 조금씩 변화가 일어나는 것을 느낄 수 있었습니다.

작가와의 만남

—

아이들의 간절한 바람으로 《노잣돈 갚기 프로젝트》의 김진희 작가
를 초청했습니다. 먼 길을 와주신 김진희 작가와 의미 있는 시간을 보
내기 위해 학급 내에서 아이디어 회의가 열렸습니다. 희망 학생을 모
집하여 《노잣돈 갚기 프로젝트》 연극과 작은 연주회를 열기로 하고
열심히 준비했습니다. 작가와의 만남 당일, 강당 무대에서 연극을 시

작으로 책에 대한 궁금증도 해소하고 작은 연주회를 마쳤습니다. 책을 대하는 아이들의 진지한 태도에 무척 감명받았던 순간이었습니다.

교육과정,
어떻게 읽어야 할까?

교육과정에 대한 전문성을 높이려면 교과별 내용 체계와 성취기준을 바라보는 안목을 키워야 합니다. 교육과정이 개편되어도 내용의 본질은 바뀌지 않습니다. 해당 단원을 어떻게 가르칠지 미리 수업을 구상해 보고 성취기준을 읽어보면 느낌이 확연히 다릅니다. A4 한 장 분량의 교육과정 해설만 꼼꼼하게 읽어도 수업 전반의 흐름과 핵심이 눈에 들어올 것입니다.

다음은 〈지층과 화석〉 단원의 교육과정 해설입니다.

---

(6) 지층과 화석

이 단원에서는 여러 가지 지층과 화석을 이해하게 함으로써 과거에서 현재까지 지구의 모습과 생명체의 변화에 대한 흥미와 호기심을 갖도록 한다. 퇴적물이 쌓여 굳어지면 다양한 형태의 지층이 만들어지고, 지층을 이루는 암석이 퇴적암이며, 알갱이의 크기에 따라 퇴적암을 구분할 수 있음을 인식하도록 한다. 또한 퇴적암에서 나올 수 있는 여러 가지 화석을 관찰하여 지층 속 화석의 생성 과정과 화석화된 생물이 살아 있을 때의 모습을 추리할 수 있도록 하고 화석의 가치를 인식하도록 한다.

Check Point 🎯

단원 설명을 읽으면 수업의 방향과 흐름을 이해할 수 있습니다.
첫 번째 줄에서 지층과 화석을 배우는 목적을 떠올리며 읽어보세요.

탐구 활동

· 지층이 쌓이는 순서 실험하기
· 퇴적암 관찰하기
· 화석을 관찰하고 화석 모형 만들기

Check Point 🎯

탐구 활동을 살펴보면 꼭 필요한 실험이 무엇인지 파악할 수 있습니다.

성취기준

[4과06-01] 여러 가지 지층을 관찰하고 지층의 형성 과정을 모형을 통해 설명할 수 있다.

[4과06-02] 퇴적암을 알갱이의 크기에 따라 구분하고 퇴적암이 만들어지는 과정을 모형을 통해 설명할 수 있다.

[4과06-03] 화석의 생성 과정을 이해하고 화석을 관찰하여 지구의 과거 생물과 환경을 추리할 수 있다.

성취기준 해설

[4과06-01] 지층의 두께나 색 등을 다루고, 지층이 휘어지거나 끊어진 모습을 소개하되 생성 원리는 다루지 않는다. 지층의 특징을 다루되, 습곡과 단층이라는 용어는 도입하지 않는다.

[4과06-02] 퇴적암은 이암, 사암, 역암만 다룬다.

[4과06-03] 화석의 표본은 동물과 식물의 특징이 분명하게 드러나는 것을 사용한다.

Check Point 🎯

성취기준 코드를 중심으로 성취기준과 성취기준 해설을 살펴보면 수업 중에 가르쳐야 할 부분과 가르치지 않아도 되는 부분을 구분할 수 있습니다.

교수·학습 방법 및 유의 사항

· 지층과 화석이라는 소재가 학생의 흥미와 호기심의 대상이므로 주로 관찰을 중심으로 수업을 계획하여 전개하도록 한다.

· 이 단원에서는 여러 가지 지층, 퇴적암, 화석 등을 살펴서 그 특징을 찾아내고 추리할 수 있는 능력을 형성할 수 있는 활동이 필요하다. 이때, 학생들이 직접 조사한 자료를 활용할 수 있다. 학생들이 박물관에서 찍은 사진이나 가족과 여행지에서 찍은 사진을 이용하여 관련 특징을 설명하면 학습 효과를 높일 수 있을 것이다.

· 이 단원은 초등학교 3~4학년군의 '지표의 변화', '화산과 지진', 중학교 1~3학년군의 '지권의 변화'와 연계된다.

Check Point 🎯

교수·학습 방법 및 유의 사항을 읽으면 효과적인 수업 방법을 찾을 수 있습니다. 해당 내용을 읽어보면 관찰과 추리가 학습 과정에서 고려해야 할 핵심적인 기능임을 파악할 수 있습니다.

평가 방법 및 유의 사항

· 지층, 퇴적암, 화석에 대한 관찰 결과를 바탕으로 분류 기준을 정하여 다양하게 분류하는 활동이 가능하므로 학생이 분류하는 과정이나 그 결과물에 대해 관찰 평가할 수 있다.
· 화석을 관찰한 결과를 토대로 옛날에 살았던 생물의 모양과 특징을 추리하거나 화석이 발견되는 지역의 환경을 추리하는 발표 결과물로 평가할 수 있다.

Check Point 🎯

평가의 방향과 방법을 쉽게 파악할 수 있습니다.

삶과 맥락이
살아 있는
수업을 만들다

Day 3

흥미 중심 수업 디자인

1					
2					
3					
4					
5					
6					
7					

흥미 중심
수업 디자인이란?

흥미(Interest)란 'inter-esse'를 어원으로 하며 '사이에 있는 것'이란 뜻입니다. 사이에 있다는 것은 결국 두 가지 대상을 서로 관련지어야 한다는 것을 의미합니다. 수업의 측면에서 살펴보면, 학습자와 학습 내용을 서로 관련짓는 일이 바로 흥미입니다. 문제는 학습자와 학습 내용 간에 괴리가 발생한다는 점이에요. 특히 학습 내용이 아이들의 삶과 괴리되는 지점이 많을수록 흥미를 잃기 쉽습니다. 그렇다면 우리는 무엇을 해야 할까요? 맞습니다. 아이들의 삶을 바라보고 흥미로운 학습 내용을 만들어야 합니다.

흥미 중심으로 수업을 디자인하기 위해서는 우선 흥미에 대한 고정관념부터 바꿔야 합니다. 교육 내용 자체가 흥미롭지 않다는 생각부터 버려야 해요. 예를 들어 '행성'을 가르쳐야 한다고 생각해 보세요. 행성은 아이들의 삶에서 경험하기 어려운 주제입니다. 그렇다면 아이들의 삶과 거리가 먼 내용이어서 흥미가 없을까요? 천체망원경으로 목성을 살펴본 학생들은 많은 흥미를 느낍니다. 어쩌면 평생 신기한 경험으로 남을 수도 있지요.

'민주주의'는 어떤가요? 추상적이고 어려운 주제이기만 할까요? 물론 배우기는 쉽지 않습니다. 아이들이 깊이 생각하고 싶어 하는 주제가 아니니까요. 하지만 학급 회의부터 천천히 민주주의를 경험해 보기 시작하면 흥미의 양상은 달라집니다.

다음으로, 교육 내용에 흥미가 없으니 교육 방법을 흥미롭게 바꿔야 한다는 생각에서 벗어나야 합니다. 흥미로운 내용을 가르치면 수업 방법은 자연스럽게 따라옵니다. 책상 배열을 바꾸거나 수업 중에 태블릿을 쓴다고 흥미가 높아지는 것은 아닙니다. 수업의 구조와 방법을 아무리 바꿔도 수업 내용에 대한 흥미와 깊이 있는 사고가 일어나도록 수업 내용을 조직하지 않으면 의미 있는 배움은 일어나지 않습니다.

마지막으로 내적 흥미를 중시해야 합니다. 스티커와 같은 외적 흥미를 반복적으로 유발하면 반짝 효과는 있을지 몰라도 지속적인 학습 효과를 담보하기 어렵습니다. 흥미로운 학습 내용은 그 자체로 학생의 자발성을 유도할 수 있습니다.

그렇다면 흥미 중심 수업 디자인은 어떻게 해야 할까요?

흥미 중심 수업 디자인의 핵심은 아이들의 삶과 수업 내용을 연결

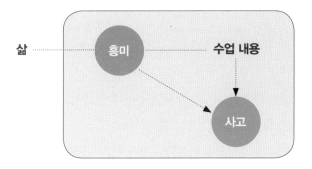

하는 것입니다. 하지만 흥미와 수업 내용을 연결하는 것에서 끝나지 않아야 합니다. 흥미로운 수업이 되기 위해서는 학습자의 사고를 촉진할 수 있어야 합니다. 다시 말해, 흥미를 매개로 아이들의 삶과 수업 내용을 연결하고 학습자의 사고를 촉진해야 합니다.

프로젝트 수업과 관련된 도서를 읽다 보면 '디저트 프로젝트'라는 말이 종종 등장합니다. 식후에 나오는 달콤한 디저트처럼 흥미로운 학습 내용이지만 머릿속에 남는 것이 없는 프로젝트를 빗대어 말하는 표현입니다. 흥미 중심의 수업 디자인은 디저트 프로젝트처럼 단편적인 흥미를 추구하지 않습니다. 학생의 삶에서 흥미로운 수업 내용을 깊이 있게 이해할 수 있도록 수업을 디자인하는 방법을 말합니다.

아이들이 흥미를 놓치지 않는 수업을 하고 싶다면 수업 내용을 우리 반 아이들에게 딱 맞게 바꿔야 합니다. 물론 쉽지는 않습니다. 시간은 없고 재미있는 수업 아이디어는 떠오르지 않지요. 그래서 대부분 검색부터 합니다. 예컨대, 공개수업 지도안을 작성할 때 재미있는 학습지부터 검색하지는 않으셨나요? 학습지를 찾는다고 얼마나 많은 시간이 허비되던가요? 좋은 수업 자료를 찾는 것도 좋지만 가장 좋은 수업 자료는 우리 반 아이들을 떠올리며 선생님이 직접 만든 자료가 아닐까 싶습니다.

홍미는 결국 아이들을 바라보고 관찰하는 것에서 시작됩니다. 아이들의 홍미를 자연스럽게 수업으로 바꾸다 보면 의미 있는 배움으로 나아가는 길을 발견하게 될 것입니다.

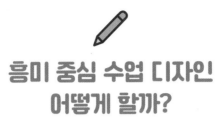

흥미 중심 수업 디자인
어떻게 할까?

1. 수업 기획

흥미 중심 수업 디자인은 창의적 체험 활동을 주로 활용하여 디자인합니다. 2022 개정 교육과정 적용 시 학교 자율 시간을 활용하여 선택 교과를 만드는 것도 효과적인 방법이 될 수 있습니다.

흥미 중심 수업 디자인의 핵심 전략은 '만다라트'입니다. 만다라트는 일본의 디자이너 이마이즈미 히로아키가 불교의 만다라에서 아이디어를 얻어 고안한 것이라고 합니다. 만다라트는 'manda + la + art'가 결합한 용어로 '목표를 달성하는 기술'이라는 뜻입니다.

흥미 중심 수업 디자인을 위해 만다라트를 사용하는 이유는 아이디어 확산이 쉽고, 20차시 내외의 활동을 구상하는 데 효과적이기 때문입니다. 무엇보다 즉흥적인 흥미와 관련된 내용일지라도 세부 활동을 떠올리다 보면 학습자의 사고를 촉진할 수 있는 의미 있는 활동을 찾을 수 있습니다.

이번에는 아이들이 좋아하는 '라면'을 소재로 한 흥미 중심 수업 디자인을 소개합니다.

(1) 핵심 주제

A4 용지에 빙고처럼 9칸 사각형을 만듭니다. 만다라트의 가운데에는 아이들이 평소 흥미롭게 생각하는 핵심 주제를 적습니다. 저는 '라면'이라고 적었습니다. 아이들이 라면을 정말 좋아하거든요. 코로나 이전에는 교실에서 컵라면을 먹는 게 아이들에게 큰 재미였습니다.

(2) 중심 활동

가운데에 핵심 주제를 적은 뒤 주위의 비어 있는 8개 칸에 라면을 주제로 아이들과 해보고 싶은 중심 활동을 적어봅니다. 가능하면 남아 있는 8개 빈칸을 다 채우는 것이 좋습니다.

만다라트의 장점은 빈칸을 계속 메우고 싶은 심리가 작용한다는 것입니다. 빈칸을 채우다 보면 흥미롭고 창의적인 활동을 구상하게 됩니다. 물론 활동을 구상하다 보면 자연스럽게 교과를 떠올리는 선생님도 계실 거예요. 하지만 창의적 체험 활동으로 20차시를 운영한다고 생각하고 자유롭게 생각을 적어보면 좋겠습니다.

라면 신제품 기획하기	라면의 역사 탐구	라면 공장 견학
컵라면 용기 디자인	라면	라면 광고 만들기
컵라면 먹기	라면 회사에 아이디어 보내기	라면 조리법 개발하기

(3) 중심 활동 선정

이제 유의미하다고 생각하는 수업 내용 3~4가지를 골라보세요.

선생님은 무엇을 고르셨나요? 저는 '라면의 역사 탐구, 컵라면 용기 디자인, 라면 광고 만들기, 라면 회사에 아이디어 보내기'라는 4가지를 골랐습니다.

라면 신제품 기획하기	라면의 역사 탐구	라면 공장 견학
컵라면 용기 디자인	라면	라면 광고 만들기
컵라면 먹기	라면 회사에 아이디어 보내기	라면 조리법 개발하기

'라면의 역사 탐구'를 고른 이유는 학습하고자 하는 개념을 아이들이 이해하고 있어야 하기 때문입니다. 일반적으로 개념을 이해하기 위해서는 예시와 반례를 활용하는 것이 좋아요. "라면이란 무엇인가? 우동과 라면은 무엇이 다른가?"처럼 질문하며 학습 대상을 탐구해야 합니다.

'컵라면 용기 디자인'을 고른 이유는 사고를 확장시킬 수 있는 요소가 많기 때문입니다. 컵라면 디자인을 하기 위해서는 다양한 생각을 해야 합니다. 컵라면의 제품명, 가격, 내용물, 어울리는 색상 등 생각거리가 다채롭습니다.

'라면 광고 만들기'도 마찬가지입니다. 일반적으로 국어 교과서에 나오는 광고 수업은 마치 답이 정해져 있는 것처럼 교훈적입니다. 교과서의 광고 예시가 모두 공익 광고이기 때문이죠. 교과서에 상품 광고를 넣을 수 없으니 어쩌면 당연한 일입니다. 하지만 일상생활에서 아이들이 보는 광고는 상업 광고가 대부분입니다. 상품이나 서비스

정보를 여러 가지 매체를 통해 소비자에게 알리는 경험을 해보면 상품에 대해 더 깊이 이해하는 힘을 갖게 될 것입니다.

끝으로 '라면 회사에 아이디어 보내기'를 선정한 이유는 학습자에게 목적의식이 필요하기 때문입니다. 아이들이 공부할 합리적인 이유를 스스로 찾을 수 있어야 합니다. 수업시간에 만든 광고와 컵라면 용기 디자인 결과물을 실제로 라면 회사에 보낸다고 하니 아이들이 자연스럽게 몰입하더군요.

활동 선정의 기준

1. 개념 형성에 도움이 되는가?
2. 흥미를 유발하는 다양한 활동이 가능한가?
3. 학습자의 사고를 확장시킬 수 있는가?
4. 목적의식을 갖게 하는가?

만다라트는 수업 아이디어를 효과적으로 떠올리기 위한 전략적 도구일 뿐입니다. 8가지 중심 활동 중에 3~4개만 남기는 이유는 20~30차시라는 시간적 제한 때문입니다. 창의적 체험 활동 시수에는 한계가 있으니 하루에 1~2시간씩 2~3주 분량의 수업을 만들기 위해서는 중심 활동을 절반으로 줄이는 것이 좋습니다.

(4) 세부 활동

만다라트는 원래 핵심 목표를 8개로 나누어 중심 목표를 정하고, 세부 목표를 구상하는 방식으로 구성되어 있습니다. 하지만 앞서 말한 것처럼 수업은 시간 제한이 있으니 4가지 중심 활동을 바탕으로 십자형 만다라트를 만들어보세요. 세부 활동은 구체적일수록 좋습니다.

라면을 만든 이유	우리나라 최초의 라면 탐구	우리나라 라면의 변천사
라면을 만드는 방법	A. 라면의 역사 탐구	다양한 라면 분석하기
최초로 라면을 만든 사람	우리 반이 좋아하는 라면	라면의 정의 알기

컵라면 자세히 살펴보기	컵라면 외관 분석하기	컵라면의 특징 파악하기	라면 신제품 기획하기	A. 라면의 역사 탐구	라면 공장 견학	광고를 하는 이유	다양한 라면 광고 살펴보기	라면 광고의 효과
컵라면 상품명 정하기	B. 컵라면 용기 디자인	컵라면 뚜껑 디자인	B. 컵라면 용기 디자인	라면	C. 라면 광고 만들기	라면 광고 분석하기	C. 라면 광고 만들기	라면을 선택하는 기준 파악
상품명에 어울리는 색상 파악하기	컵라면 내용물 살펴보기	컵라면 신상품 아이디어 협의	컵라면 먹기	D. 라면 회사에 아이디어 보내기	라면 조리법 개발하기	광고의 의미 파악하기	광고 만드는 절차	라면 광고 아이디어 협의

라면 회사 파악하기	라면에 대한 Q&A 만들기	라면 학습 결과물 평가받기
라면 회사 선정하기	D. 라면 회사에 아이디어 보내기	라면 공장 견학 요청하기
라면 회사에 편지 쓰기	라면 학습 결과물 발송하기	국내 라면 연구소와 박물관 찾아보기

시간적 제한 때문에 위의 세부 활동 역시 모든 내용을 실천할 수는 없습니다. 따라서 아이들과 함께 실천하고 싶은 세부 활동을 3~4가지 정도 고르는 것이 좋습니다.

(5) 우선순위 파악하기

끝으로 활동의 우선순위를 결정하고 활동을 정렬합니다. 개인적으로는 ①개념 형성 ②의미 파악 ③해결 방법 ④결과물 공유순으로 우선순위를 결정합니다.

어떤 수업이든 개념을 명확하게 형성하고 있어야 합니다. 개념 형성을 한 후에는 활동의 의미를 파악해야 하죠. 이 활동을 왜 하는지 생각해 봐야 합니다. 왜 공부하는지에 대해 생각하다 보면 학습 목표를 설정할 수 있습니다. 이후에는 과제 해결 방법을 찾아 실행하고, 학습 결과를 공유합니다. 이와 같은 방식으로 우선순위를 정하면 어떤 순서로 수업을 진행할지 조망할 수 있습니다.

(6) 수업 흐름 만들기

수업의 흐름은 우선순위에 따라 선형으로 활동을 배열합니다. 방사형으로 조직할 경우 활동의 순서를 파악하는 데 어려움이 있으므로 선형으로 조직하는 것을 권장합니다. 만약 교과와 연결하고 싶다면 단원이나 성취기준을 분석하여 국어과 광고 만들기, 미술과 디자인 수업, 사회과 경제 단원과의 관련성을 검토하여 통합적으로 디자

1 라면의 역사 탐구	2 컵라면 용기 디자인	3 라면 광고 만들기	4 라면 회사에 학습 결과물 보내기

• 우리 반이 좋아하는
  라면 Best3 뽑기
• 라면의 유래 알기
• 우리나라 라면의
  변천사 알아보기
• 라면을 만든 이유
  파악하기
	• 컵라면 살펴보기
	• 컵라면 신상품
	  아이디어 협의하기
	• 나만의 컵라면
	  디자인하기
	 – 상품명 정하기
	 – 용기 디자인하기
		• 광고의 의미와
		  만드는 절차 파악
		  하기
		• 다양한 라면 광고
		  살펴보기
		• 내가 만든 컵라면
		  광고 만들기
			• 라면 회사 선정하여
			  편지글 쓰기
			• 라면 학습 결과물
			  발송하기
			• 라면 학습 결과물
			  평가받기
			• 내가 좋아하는
			  컵라면 먹기

인할 수 있습니다. 수업의 흐름이 결정되면 구체적인 계획서를 작성
하여 실천해야 합니다.

2. 수업 계획

주제 라면 완전 정복(20차시)

목표
 • 라면을 활용하여 상품 광고를 만들 수 있다.
 • 라면 신상품을 기획하여 디자인할 수 있다.

핵심 개념 라면, 광고, 디자인

관련 교과 창의적 체험 활동, 국어, 미술, 사회(경제)

차시	활동	준비물 및 유의점
1	• 우리 반이 좋아하는 라면 BEST3 뽑기 – 라면을 좋아하는 이유	포스트잇
2~3	• 라면 탐구하기 – 라면의 뜻과 유래 찾기(라면을 만든 사람, 만든 이유 조사 　하고 발표하기) – 우리나라 라면 비교하기	스마트 기기 활용한 조사 활동
4	• 우리나라 라면의 변천사 알아보기	
5~6	• 내가 만들고 싶은 컵라면 신상품 개발하기 • 컵라면 신상품 아이디어 협의하기 – 짝 활동으로 대화하며 라면 이름과 특징 정하기 – 컵라면 상품에 대한 설명 자료 만들기	학습지
7	• 내가 만들고 싶은 컵라면 상품 설명 자료 발표하기	
8~10	• 컵라면 용기 디자인하기	미술 재료
11~12	• 컵라면 광고 아이디어 떠올리기 • 컵라면 광고 흐름 짜기	학습지
13~15	• 컵라면 광고 촬영하기	
16	• 컵라면 광고 공유하고 살펴보기	
17	• 라면 회사에 편지글 쓰기	학습지
18~19	• 라면 회사의 학교 방문 및 질의응답	강당 활용
20	• 내가 좋아하는 컵라면 먹기	

3. 수업 실천

라면 신제품을 개발하라!

―

라면 수업을 하면서 아이들에게 목적의식을 분명하게 해야겠다고 생각했습니다. 그러기 위해서는 단순 흥미 위주의 수업에서 사고를 확산시키는 내용으로 바꿀 필요가 있었지요. 바로 라면 신제품 광고와 컵라면 용기 디자인이었습니다. 그런데 문제는 아이들이 라면 신제품을 개발해야 할 이유가 없다는 것이었습니다. 그 순간 재미있는 아이디어가 떠올랐는데, 아이들의 학습 결과물을 라면 회사에 보내는 거였죠. 그래서 아이들과 오뚜기라면 연구소에 결과물을 보내기로 약

속했습니다.

"여러분이 만든 라면 결과물은 라면 연구소에 보내질 예정입니다. 진지한 태도로 공부해 봐요. 혹시 알아요? 라면 회사에서 여러분을 찾아올지?"

말 한마디로 아이들의 흥미는 배가 되었습니다. 모둠별로 라면 아이디어를 내기 시작했죠. 캐릭터 라면, 다이어트 라면, 무슨 맛인지 알 수 없는 랜덤 라면 등 재미있는 라면 아이디어가 쏟아지기 시작했습니다. 매콤한 수프와 구수한 수프를 원하는 대로 섞어 먹는 '천사와 악마 라면', 가볍게 먹을 수 있는 '호로록 라면', 캐릭터를 활용한 '피카츄 라면', '신비 라면' 등 다양한 신제품 발표가 이어졌죠. 아이들이 최고의 라면 아이디어를 뽑아보자고 제안해서 투표도 진행했습니다.

컵라면 디자인

컵라면 디자인은 생각보다 쉬웠습니다. 시중에 판매되는 컵라면 용기를 관찰하고 라면을 디자인하기 시작했습니다. 라면 회사에 보낸다고 하니 면과 수프까지 어찌나 정성 들여 모형을 만드는지 깜짝 놀랄 정도였지요.

아이들이 만든 라면 아이디어는 매우 신선했습니다. 캐릭터 라면

은 아이들의 호응을 충분히 불러일으킬 만하다고 생각되었고, 스마일 이모티콘 후레이크가 둥둥 떠 있는 라면은 상상만 해도 재미있었죠. 다이어트를 위한 호로록 라면도 개발된다면 누구나 쉽게 한입에 먹을 수 있을 것 같았습니다.

라면 광고 만들기

—

라면 광고 만들기 수업은 다양한 라면 광고를 여러 번 살펴보며 아이들과 함께 분석했습니다. 광고 모델이 어떤 방식으로 라면을 홍보하는지 유심히 살펴보고, 광고 문구와 자막 등을 적절히 활용해서 30초 분량의 짧은 광고를 만들기로 했죠.

모둠별로 광고를 찍기 시작했는데, A4 용지에 간략한 대사를 작성하고 잡음이 섞이지 않도록 별도의 공간에서 촬영했습니다. 1분 이내의 짧은 광고를 만들도록 시간을 제한했는데, 아이들은 상품을 들고 재미있게 연기하며 광고 영상을 만들었습니다. 특히 공익 광고를 만들 때와는 달리 교훈적인 메시지를 억지로 꾸미지 않아서 좋았어요.

아이들과 모둠별로 만든 광고를 함께 살펴보며 웃음꽃이 피었습니다. 약속한 대로 오뚜기라면 연구소에 아이들의 학습 결과물을 보냈고 겨울 방학을 맞이했습니다.

라면 회사의 연락

"여보세요?"

"선생님, 안녕하세요. 오뚜기라면 홍보팀 ○○○입니다. 보내주신 우편물 잘 받았습니다. 아이들의 아이디어가 너무나 신선하고 좋은데요. 메모해 주신 것처럼 학교에 방문해도 괜찮을까요? 일정을 잡아주시면 연구원 한 분과 제가 학교에 방문하겠습니다."

꿈만 같은 전화였습니다. 아이들은 라면 회사에서 연락이 왔다는 소식을 듣고 신이 났습니다. 그리고 종업식 이틀 전, 라면 회사에서 팀장님과 연구원 한 분이 학교에 오셨습니다.

라면 신제품 개발 사례를 소개하며 강연이 시작되었습니다. 라면이 개발되는 과정, 라면 수프를 만드는 비법과 다양한 조리 방법, 세계를 돌아다니며 각종 국물을 마셔본 연구원의 이야기를 들으며 아이들은 라면에 대한 많은 궁금증을 해소할 수 있었습니다.

학생들이 만든 광고 영상을 공유하는 시간도 마련했는데, 다른 반 학생들이 만든 광고도 함께 볼 수 있어서 웃음이 가득했습니다. 진라면 개발에 참여한 팀장님께서 아이들이 개발한 상품 아이디어와 광고에 대해 세밀한 피드백도 해주셨지요.

4. 수업 성찰

처음 라면을 소재로 수업을 하겠다고 했을 때 흥미롭다는 평과 걱정스럽다는 평이 엇갈렸습니다. 교육과정과의 연계성이 부족하다는 이유로 비판을 받기도 했습니다. 그러다 결국에는 4학년 사회과 경제 수업에 나오는 희소성과 합리적 선택 부분을 연계해 수업을 진행했습니다. 돌이켜보면 기우에 불과했습니다. 수업에 관심이 적은 아이들도 라면 수업을 언제 하냐고 물어볼 정도로 반응이 무척 뜨거웠거든요.

우려했던 것과 달리 라면을 소재로 진행한 수업은 깊이 생각해 볼 만한 내용이 많았습니다. 물론 라면 회사의 방문으로 더욱 극적인 수업이 되었지만, 라면 회사에서 방문을 하지 않았더라도 충분히 도전해 볼 만한 수업이었지요.

무엇보다 흥미로운 소재로 시작하니 수업 방법을 크게 고민할 필요가 없었습니다. 라면에 관해 조사하고 공장에서 라면이 만들어지는 영상을 함께 보다 보면 자연스럽게 수업이 펼쳐졌지요. 아이들과 라면을 조사하는 과정에서 국내 라면을 비교하고 분석했는데, 생각보다 아이들이 영양 정보에 많은 관심을 가졌습니다. 나트륨 함량과 팜유에 대해 걱정하고, 조리법 표기 방식도 살펴보며 제품에 표기된 QR 코드에 접속하기도 했어요. 만약 라면에 대한 관찰과 조사가 끝나고 자신이 원하는 라면을 선택하기만 했다면 이 수업은 단편적인 흥미를 경제 교과와 연계한 수준에서 머물렀을지도 모릅니다.

이처럼 라면이라는 소재 자체가 가지고 있는 흥미는 적극적인 수업 참여를 불러일으켰고, 광고 만들기, 용기 디자인과 같은 활동은 아이들의 확산적 사고를 자극했습니다.

어떤 수업이든 계획대로 진행되기는 어렵지만, 한 번 맥락이 형성된 수업은 자연스럽게 흘러가기 마련입니다. 분명한 목적의식과 흥미로운 주제가 만나면 수업의 결이 달라집니다.

전통 놀이 체험장 디자인하기

목표 학교 공터에 전통 놀이 체험장을 디자인할 수 있다.
관련 과목 창의적 체험 활동(15차시)

흥미를 중심으로 수업을 디자인하기 위해서는 우선 아이들을 관찰하는 것이 중요합니다. 일반적으로 아이들이 흥미를 갖는 주제는 놀이, 장난감, 만들기, 먹거리 등입니다. 그러나 아이들의 흥미를 수업으로 연결하려는 시도는 적습니다. 단편적이고 일회성 이벤트 같아서 꺼리게 되니까요. 하지만 흥미로운 주제일수록 아이들의 눈빛은 달라집니다. 흥미로운 주제를 바탕으로 사고의 확산을 가져올 수 있는지 살펴보고 수업을 기획해 보세요. 결국 수업은 교사의 기획이 중요합니다.

학교 공터를 바라보며

새로운 학교로 전근을 가면 저는 아이들이 주로 어디에서 노는지

살펴봅니다. 학교 공간 구석구석을 돌아다니며, 유휴 교실에도 가보고 쓸 만한 물품이 어디에 있는지도 살펴봅니다. 그렇게 한참을 돌아다니다가 정말 아쉬운 공간을 하나 발견했습니다. 커다란 공터였는데, 구석진 곳에 있다 보니 아이들의 발길이 닿지 않더군요. 수십 명이 자유롭게 뛰어놀 수 있는 공간인데 다들 스쳐 지나가는 게 너무 안타까웠습니다.

"얘들아, 동관 옆에 공터가 있는데 알고 있니?"
"네, 병설 유치원 주변에 있는 공터 말씀하시는 거죠?"
"맞아! 엄청 넓은데 거기에서 노는 아이들이 없더구나! 왜일까?"
"그냥 놀 게 없으니까요."

"그럼 그곳을 놀이터로 만들면 어떨까?"

"놀이터요? 진짜 만들어요?"

아이들의 눈이 동그랗게 변하더군요. 놀이터라는 말에 귀가 뜨였는지 여기저기서 "그네를 만들어달라, 시소가 좋겠다, 이왕이면 미끄럼틀이 좋겠다" 등등 다양한 의견이 나왔어요. 하지만 그네, 시소, 미끄럼틀은 비싸서 교육청에서 예산을 지원받지 않으면 만들기 곤란했죠. 그래서 나온 아이디어가 바로 전통 놀이 체험장이었습니다. 선만 그어져 있어도 아이들은 놀 수 있으니까요.

전통 놀이를 찾아봐요

"전통 놀이 하면 뭐가 떠올라요?"

"땅따먹기? 비석치기요. 달팽이, 그리고……. 왜 화살 던지는 거 있잖아요. 그게 뭐더라!"

아이들이 제법 전통 놀이를 알고 있더군요. 2학년 때 배웠던 게 어렴풋이 떠오르는지 떠듬떠듬 이야기하기 시작했어요. 정확한 명칭을 몰라서 "그게 뭐더라"를 몇 번이나 말했는지 모릅니다. 정확한 명칭과 놀이 방법을 인터넷에서 검색해 보더니 얼마 지나지 않아 '투호', '사방치기', '달팽이 놀이' 등 정확한 표현을 사용하기 시작했어요.

"선생님! 놀이가 생각보다 많은데요. 근데 뭐 그려요?"
"글쎄, 그건 너희 모둠에서 결정해야 할 것 같구나. 뭐 좋은 방법이 없을까?"
"아이들이 가장 좋아할 만한 걸 하면 어때요?"
"그럼 너희들이 친구나 동생들에게 직접 물어보는 게 어떨까?"

이 말 한마디에 아이들이 쉬는 시간마다 1~2학년 복도에 가서 어린 동생들에게 이것저것 묻기 시작했습니다. 집에 있는 동생, 학원을 같이 다니는 동생들에게도 물어보더군요. 일부 학생들은 저학년 선생님을 찾아가기도 했지요.

"언니, 사방치기가 제일 재미있어. 그거 꼭 넣어줘."
"2학년 선생님이 달팽이 놀이는 꼭 넣어달라고 하셨어요."

인터뷰 결과가 조금씩 모이기 시작했습니다. 이제 전통 놀이에 대해 알았으니 체험장을 만들 장소에 직접 가보기로 했습니다.

하수구가 많아요!

"선생님, 구멍이 숭숭 뚫려 있는 이거 뭐예요?"

"하수구야! 빗물이나 우리가 쓰고 버리는 더러운 물이 흘러가게 하는 건데……."

"근데, 하수구가 여기저기에 너무 많아요!"

"어? 정말 그렇구나!"

아이들과 전통 놀이 체험장 디자인을 하려고 밖에 나와서 공간을 살펴봤는데, 생각보다 공터에 하수구가 많아서 전통 놀이 체험을 하는 데 신경 쓰이는 부분이 많았습니다. 사방치기를 그리려니 돌이 하수구에 빠질 것 같아 방향을 조정해야 했고, 투호 경기를 하려니 화살이 하수구에 빠질 것 같아 장소를 변경해야 했지요. 아이들은 하수구를 그리고, 개수를 세기도 했습니다. 또 하수구 위치에 따라 전통 놀이 체험장의 모습과 방향을 바꾸기도 했습니다.

 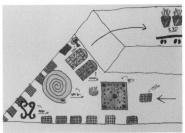

4학년 아이들이 공간 디자인을 할 수 있을까 걱정했는데, 자신들이 직접 사용하는 공간이라서 그런지 세심하게 관찰하는 모습에 많이 놀랐습니다. 마냥 개구쟁이 같았던 아이들이 진지한 태도로 공터 구석구석을 돌아다니며 토의하고 전통 놀이 체험장을 디자인하기 시작했지요.

교실에 와서 모둠별로 토의하며 전통 놀이 체험장을 디자인했는데 제기차기, 신발 던지기, 딱지치기, 숫자 가위바위보 등 새로운 놀이가 추가되기도 하고 기존에 생각했던 놀이를 바꾸거나 없애기도 했습니다. 디자인을 마친 후에는 모둠별로 디자인 결과물을 발표하고 최우수 디자인을 선정했습니다.

2개 반에서 총 14개 작품 중 4개를 선정하여 급식소 게시판에 붙

였습니다. '최고의 디자인을 뽑아라!' 투표가 시작되자 점심을 먹고 나온 아이들이 하나둘씩 투표에 참여하기 시작했어요. 다른 반 선생님들 역시 갑작스러운 게시물에 호기심을 가지며 좋은 의견을 건네주셨습니다.

3일 정도 게시가 끝나고 투표 결과가 나왔습니다. 단순하면서도 짜임새 있고 꼼꼼하게 채색한 작품이 아이들의 이목을 끌었습니다. 어느 작품이 뽑히느냐도 중요했지만, 투표를 마치자마자 아이들이 건네는 말은 한결같았습니다.

"선생님, 전통 놀이 체험장 언제 만들어요?"
"다음 주에 오면 그려져 있어요?"
"빨리 만들어주세요."
"아······. 일단, 예쁘게 그려주실 수 있는 분을 찾아볼게! 되도록 빨리 그릴게."
"우와! 빨리 만들었으면 좋겠다."

그 후 전통 놀이 체험장은 한 달 정도의 시간이 흐른 뒤에나 완성되었습니다. 예산을 확보하고 아이들의 디자인을 검토하고 수정해야 했거든요. 여러 가지 일정을 조율하고 마침내 체험장이 완성되자 뿌듯함이 밀려왔습니다.

전통 놀이 체험장은 그 후로 유치원 아이들의 놀이터가 되었고, 점심시간이면 아이들이 삼삼오오 모이는 놀이 공간으로 변모했습니다. 이렇듯 아이들의 삶과 관련된 흥미로운 문제를 해결하다 보면 수업은 저절로 즐겁게 흘러갑니다.

우리가 만드는 동아리

목표 동아리를 <u>스스로</u> 조직하여 운영할 수 있다.
관련 과목 창의적 체험 활동(20차시)

    교육과정 총론에 적혀 있는 동아리 활동의 목표를 알고 계시나요? '동아리에 자발적으로 참여하여 소질과 적성을 계발하고 일상의 삶을 풍요롭게 가꾸어 나갈 수 있는 심미적 감성을 기른다.'입니다. 혹시 동아리 목표를 읽으면서 고개를 갸웃하지 않으셨나요? 초등학교에서 아이들이 동아리를 스스로 만들거나 자발적으로 참여하는 경우는 드무니까요. 교사가 이미 만들어놓은 동아리에서 정해진 활동을 하는 경우가 대부분이에요. 왜 그럴까요?

    동아리는 아이들의 흥미를 수업에 반영할 수 있는 효과적인 활동이지만 현실적인 어려움이 많습니다. 학기 시작 전, 교사가 동아리를 편성하고 운영 계획서를 제출하게 되는데 그 과정에서 아이들의 흥미와 무관하게 동아리가 정해지죠. 하지만 교사가 아이들의 동의 없이 동아리를 조직했다고 불만을 제기하기도 어렵습니다. 선생님은 한 명인데 아이들의 흥미에 따라 다양한 동아리를 개설하기는 현실적으

로 어려우니까요. 게다가 초등학교 3~4학년 학생들에게 동아리를 조
직할 권리를 준다고 해도 스스로 운영할 수 있을까요? 비판은 쉽지만
현실의 벽은 생각보다 높습니다.

동아리 수업의 시작

동아리 수업은 '아이들이 스스로 동아리를 조직해서 운영해 보자!'
라는 취지를 살리기 위해 기획되었습니다. 5학년 학생을 대상으로 하
루에 2시간씩 총 20시간을 운영했습니다.

첫 시작은 동아리의 뜻을 아는 것부터 시작했습니다.

"당분간 매일 2시간씩 동아리를 운영할 예정이에요. 그런데 동아리의 뜻이 뭔지 알고 있나요?"

"친한 사람끼리 모이는 거 아니에요?"

"비슷해요. 근데 왜 모일까요?"

"뭔가 하려고 모이겠죠? 취미처럼 그림을 그린다거나…."

"모여서 뭘 해야 할지는 누가 정해야 할까요?"

"동아리 사람들끼리요."

"좋아요. 동아리는 같은 뜻을 가지고 모인 무리를 뜻해요. 동아리 활동을 하려면 뜻이 맞는 친구를 모아야겠죠? 모여서 뭘 해야 할지 이야기를 나눠야 해요."

동아리의 뜻을 추론하면서 아이들과 대화를 나누었는데, 아이들의 표정이 어리둥절했습니다. 동아리 활동은 이미 정해져 있다고 생각했는데, 동아리를 어떻게 운영해야 할지 스스로 결정하라고 하니 당황스러웠던 겁니다. 질문이 쏟아지기 시작했습니다.

"선생님, 그럼 친한 친구들끼리 모여서 뭘 할지 정하면 되나요?"

"몇 명이 모이면 돼요? 친구들이 너무 많은 것도 불편한데요."

"아무거나 해도 돼요? 저랑 친구가 하고 싶은 게 다르면 어쩌죠?"

꼬리에 꼬리를 무는 질문이 이어졌고, 기대하는 눈빛과 걱정스러

위하는 표정이 겹치기 시작했습니다. 동아리를 스스로 만들어본 경험이 없으니 궁금한 것이 무척 많았을 것입니다.

"동아리를 원하는 대로 다 만들 수는 없어요. 5학년에서 총 10~12개의 동아리를 조직하려고 합니다. 동아리를 조직하기 위해서는 운영 계획서를 꼼꼼하게 작성해 제출하고, 심사에 통과해야 해요. 끝까지 책임지고 운영할 수 있는 팀을 뽑을 거예요."

"그럼 계획서를 작성해서 선생님께 제출하면 되는 거죠? 심사 결과는 언제 나와요? 동아리 계획서가 뽑히지 않은 아이들은 뭐해요?"

"심사 결과는 이틀 후에 나와요. 심사에 통과한 학생들은 동아리 운영진이 되고, 심사에 통과하지 못한 학생들은 수강 신청을 통해 희망하는 동아리에 참가해요. 수강 신청은 온라인으로 진행합니다."

동아리 활동에 대해 어느 정도 이해가 된 후에 아이들은 서로 눈치를 교환하기 시작했습니다. 고개를 끄덕이며 마치 '나랑 한 팀 할래?'라고 말하는 것 같았어요.

동아리 조직 및 홍보

아이들은 의견을 교환하며 모둠을 만들었습니다. 인원은 3~5명으

로 총 6개 모둠이 만들어졌죠. 먼저 자신의 흥미에 대해 돌아가며 이야기를 나누기 시작했어요. 동아리에서 무엇을 하고 싶은지 학습 주제를 자유롭게 적어보고, 그중 가장 흥미로운 주제 1개를 선정했습니다. 이후 토의를 바탕으로 탐구 주제를 선정하고 총 16차시 분량의 학습 계획서를 작성했습니다. 남은 4차시 분량은 동아리 부스를 운영해 결과물을 공유하기로 협의했기 때문입니다.

5학년에서 약 30여 개의 동아리 계획서가 제출되었고, 그중 중복되는 부서를 선별한 뒤 실천 가능성을 살피고, 계획서의 세부 활동을 면밀하게 검토했습니다. 그 결과 코딩으로 게임 만들기, 보드게임, 친환경 제품 만들기, 캘리그래피 등 12개 동아리가 선정되었습니다.

동아리 운영진으로 선정된 학생들은 수강 신청을 위한 동아리 홍보물을 제작했습니다. 컴퓨터를 활용해 홍보 자료를 만들고 각 반과 복도에 게시했죠. 동아리 수강 신청은 네이버 폼을 활용하여 온라인에서 신청을 받았고, 한 동아리의 수용 인원을 최대 12명으로 제한했습니다. 지정한 시간에 온라인 수강 신청이 이루어졌고 학생들의 호기심은 더욱 커졌습니다.

동아리 운영

동아리는 해당 시간에 희망 부서로 이동 수업을 하면서 진행되었습니다. 동아리 운영진이 오늘의 활동 목표와 수업 내용을 소개하고 활동이 이어졌습니다. 그런데 동아리 활동은 생각보다 쉽지 않았습니다. 동아리별로 운영진의 역량에 따라 아이들의 학습 결과가 달라지는 게 느껴졌지요. 동아리 활동에 관심이 많고 적극적인 운영진은 친구들을 도우며 차분하게 진행했지만, 일부 학생들은 계획과 달리 즉흥적으로 활동하기도 했고, 친구들 간에 갈등을 겪기도 했습니다. 비록 동아리 운영에 시행착오는 있었지만, 부스 체험일까지 동아리에서 목표하는 결과물을 만들기 위해 최선을 다했습니다.

동아리 활동이 끝난 뒤 동아리 부스 운영이 진행되었습니다. 게임 동아리에서는 스크래치 프로그램으로 만든 게임을 친구에게 소개하고 직접 해보도록 했습니다. 만화부는 자신들이 직접 그린 만화를 전

시했지요. 캘리그래피부에서 쓴 정성스러운 엽서와 아이들이 직접 만든 친환경 제품 등 다양한 학습 결과물이 전시되었고, 각 부스에서 흥미로운 체험 활동이 이루어졌습니다.

동아리 수업을 마치며

—

아이들의 흥미를 바탕으로 동아리를 편성하고 운영하는 일은 생각보다 쉽지 않았습니다. 동아리를 조직하는 과정부터 필요한 예산을 확보하고 부스 체험에 필요한 다양한 준비물을 사는 과정이 만만치 않았지요. 하지만 아이들의 표정이 밝았고, 수업에 대한 만족도가 높았습니다. 스스로 원하는 동아리를 선택하고 참여한다는 것 자체가 아이들에게는 큰 즐거움이었습니다. 물론 동아리 운영 과정에서 미숙한 점도 보였지만 활동 그 자체에 대한 만족도가 기존의 동아리 활동과는 무척 달랐습니다.

삶과 맥락이
살아 있는
수업을 만들다

Day 4

질문 중심 수업 디자인

1				
2				
3				
4				
5				
6				
7				

질문 중심 수업 디자인이란?

선생님은 수업 중에 질문을 얼마나 자주 하시나요? 솔직히 말하자면, 저는 질문보다 설명을 많이 하는 편이었습니다. 아이들이 알아들었다는 느낌이 들 때까지 계속 설명을 했지요. 설명이 끝나고 멍한 표정을 짓는 아이들에게 "무슨 말인지 알겠죠?"라고 묻기를 반복했습니다.

이후 제 수업을 촬영해서 보며 분석하는 과정에서 무엇이 잘못되었는지를 알게 되었습니다. 문제 해결의 실마리는 바로 '질문'이었습니다. 묻고 답하는 과정이 자연스럽게 이루어지도록 질문 중심으로 수업을 디자인할 필요가 있었던 거지요.

질문 중심 수업 디자인은 수업 목표에 도달하기 위해 질문을 중심으로 수업 내용을 구성하는 과정을 말합니다. 이 과정에서 교사는 가르쳐야 할 내용을 더욱 분명히 이해하게 되고, 학생은 배워야 할 개념을 스스로 탐구하게 됩니다.

질문은 한자어로 '質(바탕 질)'과 '問(물을 문)'이 합쳐진 말입니다. 바탕을 묻는 것이 질문이지요. 질문을 나누다 보면 어느 순간 알고자 하는 것의 본질에 다가가게 됩니다.

과학 시간만 되면 손을 번쩍번쩍 들며 질문을 하던 아이가 있었습니다.

"선생님, 세상에 모든 물질은 고체, 액체, 기체 상태로 되어 있어요?"

"뭐, 대부분 그렇지."

"아닌 것도 있다는 거예요?"

"예를 들면, 빛은 고체, 액체, 기체에 속하지 않거든. 부피와 질량이 없어서 에너지라고 부른단다."

"그렇구나! 그러면 핸드폰 액정은 액체예요? 누르면 움직이는 것 같았는데."

(옆자리 학생이) "액체니까 액정이겠지."

"그런데 딱딱하잖아! 고체 아니야? 선생님, 뭐예요?"

"글쎄……. 선생님도 솔직히 잘 모르겠구나. 내일 찾아보고 알려줘야겠는걸."

3학년 개구쟁이 남자아이였는데, 유독 과학 시간만 되면 질문이 많았습니다. 수업을 마칠 시간이 되어가는데, 이상한 질문을 할 때면

간혹 한숨이 나오곤 했죠. 솔직히 질문을 끊고 싶을 때도 많았습니다. 그런데 그날은 좀 달랐어요. 액정은 고체일까요? 아니면 액체일까요? 저도 궁금해진 질문이었거든요.

아이들이 하교하자마자 액정에 대해 검색을 하기 시작했습니다. 액정은 준결정 물질로 액체와 고체 중간에 있는 물질이었습니다. 망치로 뒤통수를 한 대 맞은 것 같았어요. 모든 물질은 고체, 액체, 기체로 나눌 수 있다는 대전제가 깨지는 순간이었습니다. 돌이켜보니 빛을 예로 든 것도 문제였어요. 애초에 빛은 물질에 속하지 않으니까요. 이후로 저는 아이들의 사소한 질문도 겸손한 자세로 듣게 되었습니다.

아인슈타인은 "질문이 정답보다 중요하다. 곧 죽을 상황에 놓였고, 목숨을 구할 방법을 단 1시간 안에 찾아야 한다면, 1시간 중 55분은 올바른 질문을 찾는 데 사용하겠다. 올바른 질문을 찾고 나면, 정답을 찾는 데는 5분도 걸리지 않을 것이다."라고 말했습니다. 수업도 마찬가지입니다. 40분의 수업에서 많은 질문을 주고받다 보면 어느 순간 답이 보입니다.

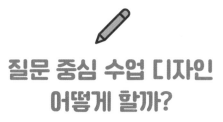

질문 중심 수업 디자인 어떻게 할까?

1. 수업 기획

질문 중심 수업 디자인은 아이들이 만든 질문을 중심으로 수업을 디자인하는 방법입니다. 따라서 명확한 주제를 바탕으로 질문을 만들고, 성취기준과 연계하여 수업을 진행해야 합니다. 그렇다면 아이들이 만든 질문을 어떻게 수업으로 연결할 수 있을까요?

4학년 1학기 사회에서 역사적 인물을 탐구하는 단원을 질문 중심으로 디자인해 보겠습니다.

(1) 질문의 초점을 명확하게 하기

카메라의 초점이 맞지 않으면 사진이 흐릿하게 찍힙니다. 질문도 마찬가지입니다. 질문의 초점이 분명해야 수업 목표에 도달할 수 있지요. 질문의 초점이 너무 광범위하거나 모호하면 학생은 혼란에 빠지게 됩니다. 예를 들어, '식물'에 관한 질문을 만드는 것과 '식물의 구조', '줄기와 뿌리'에 관한 질문을 만드는 것은 큰 차이가 있습니다. '식물'에 관한 질문을 만들게 되면 떠오르는 내용이 너무 광범위해서 무엇을 질문해야 할지 초점이 흐려지게 됩니다. 따라서 질문을 만들기에 앞서, 주제의 폭과 깊이를 제한하고 성취기준과의 연계성을 고려하여 주제를 선정해야 합니다.

다음 성취기준을 살펴보고 탐구 주제를 떠올려보세요.

> [4사03-04] 우리 지역과 관련된 역사적 인물의 삶을 알아보고, 지역의 역사에 대해 자부심을 갖는다.

어떤 주제가 떠오르나요? 만약 '역사적 인물'이란 주제가 떠올랐다면 지역이 고려되지 않아 인물의 조사 범위가 넓어지게 됩니다. 따라서 지역의 범위를 한정해야 합니다.

'우리 지역의 역사적 인물'을 주제로 선정하게 되면 어떨까요? 학생의 관점에서는 우리 지역의 범위가 한정되어 있지 않아 다소 혼란스럽습니다. 물론 교사는 환경확대법에 따라 시, 도 단위임을 알고 있지만 학생 입장에서는 헷갈릴 수 있습니다. 따라서 각 시, 도의 구체적인 명칭을 넣어 탐구할 주제의 범위를 분명하게 제시해야 합니다. 예를 들어 '서울의 역사적 인물', '경기도의 역사적 인물', '경상북도의 역사적 인물'처럼 주제의 범위를 명확하게 제시해야 합니다.

(2) 질문 만들기

저는 질문 초점으로 '경상북도의 역사적 인물'이란 주제를 선정했습니다. 하지만 아이들과 질문 만들기를 바로 할 수는 없습니다. 경상북도의 역사적 인물이 너무 많으니까요. 그래서 경상북도의 역사적 인물을 대주제로 선정하고, 탐구할 인물을 소주제로 선택했습니다.

"이번 학습 주제는 경상북도의 역사적 인물이에요. 역사적 인물이란 우리 지역에서 훌륭한 일을 많이 해서 지금까지도 많은 사람에게 존경받는 인물을 말해요. 우리 지역에서 역사적으로 유명한 인물에 대해 들어본 적 있나요?"

"저는 이황 선생님에 대해 들어봤어요. 천 원짜리 지폐에 있는 분인데 경상북도에서 유명한 인물이라고 들었어요."

"혹시 이황 선생님이 왜 유명한지 알고 있나요?"

"그건……. 잘 모르겠어요."

"경상북도에 어떤 역사적 인물이 있는지 살펴보고 질문을 중심으로 탐구해 봅시다."

칠판에 경상북도의 역사적 인물을 15명 정도 적은 뒤, 아이들은 2인 1조로 모둠을 구성하고 역사적 인물 한 명을 선정하여 서로 질문

만들기를 시작했습니다. 그중 '이황'을 선택한 모둠의 질문은 다음과
같았습니다.

주제 : 경상북도의 역사적 인물 '이황'

1. 이황은 천 원짜리 지폐에 나오나요?
2. 이황은 몇 년도에 태어났을까요?
3. 이황은 어디에서 태어났을까요?
4. 이황은 몇 살에 돌아가셨을까요?
5. 이황은 무슨 일을 했나요?
6. 이황은 왜 천 원짜리 지폐에 나오게 되었나요?
7. 이황은 어떻게 역사적 인물이 되었나요?
8. 이황의 묘지는 어디에 있나요?
9. 이황은 왜 돌아가셨을까요?
10. 이황의 제자는 누구인가요?

질문을 만들면 탐구 주제에 대한 호기심이 부쩍 늘어나는 모습을
볼 수 있습니다. 아이들이 만든 질문을 천천히 읽어보세요. 학생 입장
이라면 10가지 질문 중에 어떤 내용을 탐구하시겠습니까? 탐구하고
싶은 질문을 3가지 골라보세요.

(3) 질문 선택하기

4학년 학생이 10가지 질문에 답을 찾고 정리하려면 많은 시간이
걸립니다. 수업 시간도 넉넉하지 않지요. 따라서 질문에 우선순위를

정하고 가장 중요한 질문 3가지를 선정하여 탐구하는 것이 효과적입니다.

질문의 우선순위를 결정하기 위해서는 질문의 유형을 구분해야 합니다. 위 질문을 개방형 질문과 폐쇄형 질문으로 나누는 겁니다. 여러 가지 답이 있으면 O(Opened)를 표기하고, 한 가지 답만 있으면 C(Closed)로 표기합니다. O와 C로 판단하기 어려운 내용은 짝과 협의하여 자율적으로 표기합니다.

탐구할 질문을 선택할 때는 개방형 질문을 우선으로 결정하되, 폐쇄형 질문 중에 호기심을 끄는 내용이 있다면 포함하도록 합니다. 이런 방법으로 질문을 선택하면 양질의 질문을 중심으로 탐구 활동을 할 수 있습니다. 만약 아이들이 엉뚱한 질문을 고르면 교사가 탐구할 만한 질문을 추가로 조사하도록 안내합니다.

주제 : 경상북도의 역사적 인물 '이황'

우선순위 : 질문5, 질문6, 질문7

1. 이황은 천 원짜리 지폐에 나오나요? C
2. 이황은 몇 년도에 태어났을까요? C
3. 이황은 어디에서 태어났을까요? C
4. 이황은 몇 살에 돌아가셨을까요? C
5. 이황은 무슨 일을 했나요? O
6. 이황은 왜 천 원짜리 지폐에 나오게 되었나요? O
7. 이황은 어떻게 역사적 인물이 되었나요? O
8. 이황의 묘지는 어디에 있나요? C
9. 이황은 왜 돌아가셨을까요? C
10. 이황의 제자는 누구인가요? C

(4) 마인드맵 만들기

질문을 선택한 후에는 아이디어를 시각화하여 마인드맵으로 정리합니다. 질문을 있는 그대로 정리하거나 요약해서 쓸 수 있으며, 세부적인 내용을 추가하여 작성할 수도 있습니다. 마인드맵은 브레인스토밍과 달리 분야를 나눈 후 부가적인 내용을 추가하여 정리하는 것이 특징입니다. 아이들은 마인드맵으로 정리한 내용을 중심으로 탐구하고 원하는 방식으로 자료를 작성하여 발표합니다.

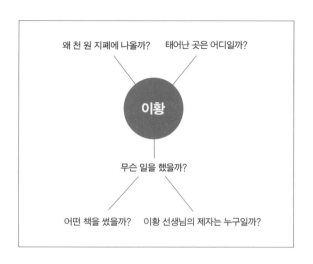

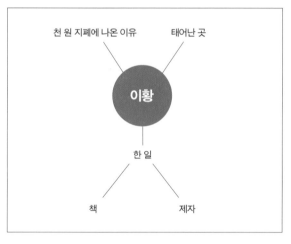

마인드맵은 질문 그 자체를 가지고 만들 수도 있지만 핵심어를 중심으로 만드는 것이 효과적입니다.

2. 수업 계획

주제 우리 지역의 역사적 인물(10차시)

학습 목표
- 우리 지역을 대표하는 역사적 인물의 삶을 설명할 수 있다.
- 우리 지역을 대표하는 역사적 인물에 대한 소개 자료를 만들고 발표할 수 있다.
- 우리 지역을 대표하는 역사적 인물을 소개하며 지역의 역사에 대한 자부심을 갖는다.

핵심 개념 역사적 인물

관련 교과 사회

차시	활동	준비물 및 유의점
1	• 역사적 인물이란? • 우리 지역에도 역사적 인물이 있을까?	
2~3	• 우리 지역 역사적 인물 선정하기 • 우리 지역 역사적 인물에 대한 질문 만들기 • 질문을 바탕으로 마인드맵 만들기	2인 1조로 모둠 편성하기
4~5	• 우리 지역 역사적 인물 조사하기	
6~7	• 우리 지역 역사적 인물 소개 자료 만들기	
8~9	• 우리 지역 역사적 인물 소개하기	소개 자료는 모둠이 희망하는 방식으로 다양하게 만듦
10	• 우리 지역 역사적 인물에 대한 자부심 갖기	

3. 수업 실천

스무고개부터 시작해요!

―

아래 그림은 4학년 학생이 작성한 질문 학습지입니다. 아이들이
쓴 글을 제외하면 학습지라고 하기에도 좀 민망합니다. 질문을 만들
고 마인드맵 그리는 것이 전부니까요. 공부 잘하는 학생들만 이렇게

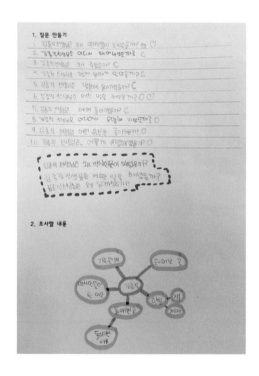

할 수 있을까요? 아닙니다. 질문을 만들고 생각하는 것은 누구나 할 수 있습니다. 다만 익숙하지 않기 때문에 어려울 뿐이죠. 반 아이들도 처음에는 질문하는 것을 낯설어했습니다. 그래서 본격적인 수업을 하기 전에 스무고개 놀이를 하면서 질문하는 법을 배웠습니다. 질문도 배워야 잘할 수 있으니까요.

"선생님이 들고 있는 검은 봉지 안에는 뭐가 있을까요? 손을 들고 질문하면서 봉지 속에 뭐가 들어 있는지 스무고개로 맞혀봅시다."

"선생님, 무슨 색이에요?"

"주로 빨간색이 많아요. 노랑, 주황, 때론 연두색도 있고….."

"크기는 커요?"

"아니요. 선생님 주먹보다 조금 더 커요."

"둥근 모양인가요?"

"네! 맞아요. 둥글둥글한 부분도 있고 울퉁불퉁한 부분도 있지요."

"선생님, 먹을 수 있어요?"

"네! 맛있어요."

"저요! 사과 같아요."

"맞아요. 채빈이가 나와서 한번 꺼내 볼래요?"

"와! 사과다."

이처럼 처음에는 가볍게 스무고개 놀이를 하면서 아이들과 이야기를 나누면 좋습니다. 이후 자연스럽게 질문과 대답을 나누며 질문을 만드는 방법에 대해 안내합니다.

"여러분, 이제는 사과를 주제로 질문을 만들어볼까요? 어떤 질문을 할 수 있을까요? 답은 생각하지 말아요. 어떤 질문이든 좋아요. 스무 개 정도 만들어볼까요?"

'사과는 왜 빨간지, 언제 열리는지, 가격은 얼마인지' 등 다양한 질문이 쏟아집니다. 그런데 질문이 15개를 넘어서면 아이들이 조금씩 힘들어합니다. 이럴 때 힌트가 되는 말을 줍니다.

"'만약에 ~'를 넣어보세요."
"'백설공주'를 넣어서 질문을 만들어봐요."
"'누가, 언제, 어디서, 무엇을, 어떻게, 왜'를 넣어서 질문을 만들어보세요."

이렇게 힌트를 주면 20개를 넘어 수많은 질문을 만들 수 있습니다. 아침 활동 시간에 질문 만들기 활동을 두세 번만 해도 아이들은 질문 만들기에 거부감이 없어지고 자신감을 갖게 됩니다.

조사 활동은 어떻게 할까?

아이들은 짝과 함께 인물 조사를 시작합니다. 그런데 가장 큰 문제는 4학년 아이들이 아직 역사적 배경 지식이 부족하다는 것입니다. 역사적으로 유명한 왕, 학자, 장군, 문화, 예술, 종교계 인물 등을 조사하게 되는데, 글의 내용이 아이들이 이해하기에 너무 어렵습니다. 그래서 막상 조사를 시작하면 많이 혼란스러워합니다.

이런 문제점을 사전에 조금이라도 줄이기 위해 교사는 조사 활동을 시키기 전에 관련 내용을 미리 검색해 봐야 합니다. 아이들이 조사 과정에서 어떤 어려움을 겪게 될지 예상해 보는 겁니다. 또한 아이들이 검색할 만한 핵심 키워드와 인터넷 사이트를 사전에 검색해 보면 아이들의 궁금증에 효과적으로 피드백할 수 있습니다.

조사할 때 글말보다 입말로 듣고 이해할 수 있도록 유튜브를 적극적으로 활용하는 것도 좋습니다. 문해력이 좋은 학생들은 글을 검색하고 살펴보는 것이 훨씬 빠르고 정확합니다. 하지만 글에 대한 이해력이 낮은 학생들은 검색 활동을 매우 힘들어합니다. 이럴 때는 인물 소개 영상을 검색해서 보도록 하는 것이 훨씬 효과적입니다. 다만 단순히 보고 듣기만 해서는 안 됩니다. 들으면서 자신의 질문과 관련된 내용을 메모하도록 구체적인 안내가 필요하지요.

마지막으로 모든 글은 자기 말로 쓰도록 합니다. 인터넷 국어사전 활용법을 미리 안내하여 조사 과정에서 듣고, 보고, 이해한 내용을 자

기 글로 쉽게 풀어서 적도록 해야 합니다. 글을 적을 때는 옆에 있는
친구에게 설명했을 때 알아들을 수 있을 정도로 쓰라고 이야기하면
이해가 빠릅니다.

조사 활동은 수업 중에 다양한 방식으로 활용됩니다. 이때 무작정
검색하기보다 질문을 중심으로 핵심 키워드를 정리하고 인물에 대한
간략한 개요를 이해한 후 검색 활동을 하면 훨씬 깊이 있는 조사 활동
을 할 수 있습니다.

"선생님, 검색해도 안 나오는데요?"
"선생님, 무슨 말인지 모르겠어요."

조사 활동을 할 때 아이들에게서 가장 많이 듣는 말입니다. 교사가 미리 검색해 보지 않으면 두루뭉술하게 대답해 줄 수밖에 없습니다. 검색어를 정교하게 다듬어주고 어려운 말은 간략하게 풀어줘야 아이들이 조사 활동을 잘할 수 있습니다.

표현 방식을 선택하게 하라!

수업 과정에서 가장 고민되는 것이 표현 방식입니다. 일반적으로 시간적 제약이 많기 때문에 표현 방식을 통일하는 경우가 많습니다. 그 결과 같은 반 아이들이 유사한 형식으로 학습 결과물을 만들게 되죠. 예를 들어 미술 시간에는 유튜브 영상을 보면서 똑같이 따라 만들거나 규격을 통일하여 발표 활동을 진행하는 경우가 대부분입니다. 물론 피드백의 용이성을 고려하면 발표 자료를 규격화할 필요도 있습니다. 하지만 표현 방식을 매번 통일할 필요는 없습니다. 때론 아이들에게 자신이 배운 것을 원하는 방식으로 표현하도록 선택의 기회를 주세요. 훨씬 유연해진 아이들의 모습을 발견하게 될 것입니다.

역사적 인물 수업도 마찬가지입니다. 조사한 내용을 각 모둠이 원하는 방식으로 발표하도록 했습니다. 어떤 모둠은 PPT를 활용했고, 또 다른 모둠은 인물의 연표를 그렸습니다. 단순히 질문에 답하며 인터뷰를 하는 학생도 있었습니다. 역할극으로 대화를 주고받으며 인물

의 상황을 표현하기도 했고, 만화로 그린 학생도 있었지요. 말을 잘하
는 아이는 PPT나 포스터 발표를 선택했고, 그림은 못그리지만 표현
력이 좋은 아이는 역할극을 하면서 친구들과 묻고 답했습니다.

　이처럼 아이들이 희망하는 방식으로 표현하도록 하면 같은 주제를
가지고 발표해도 수업이 지루하지 않습니다. 오히려 수업에 대한 참
여도가 높아지고 보다 적극적인 태도로 수업에 임하는 모습을 자주
볼 수 있습니다.

4. 수업 성찰

아이들이 우리 지역의 역사적 인물에 얼마나 관심이 있을까요? 질

문으로 수업하기 전에는 정말 막막하고 어려웠던 수업이었습니다. '역사적 배경지식이 없는 4학년 학생이 우리 지역의 역사적 인물에 관해 얼마나 관심을 가질 수 있을까?'라는 의구심과 막연한 두려움이 앞섰습니다. 그런데 질문으로 수업을 시작하자 수업의 양상은 확연히 달랐습니다. 무엇보다 스스로 역사적 인물을 선택하고 질문하는 과정에서 호기심이 왕성해진 것을 볼 수 있었습니다. 자신이 만든 질문에 대한 답을 찾고 싶어서 아이들 스스로 궁금해했던 것입니다. 시작이 반이라는 말처럼 첫 수업에서 왜 배워야 하는지에 대한 동기 부여만 제대로 할 수 있어도 수업은 이처럼 원활하게 흘러갈 수 있습니다.

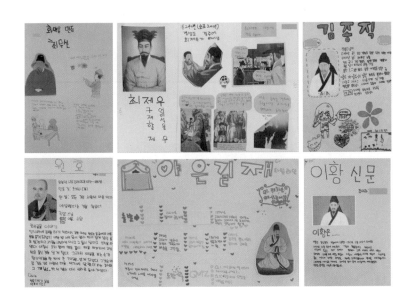

질문을 중심으로 수업을 디자인하면 아이들의 주도성이 높아집니다. 특히 내용을 조사하고 발표하는 형태의 모든 수업에서 유용하게 활용할 수 있으며, 성취기준과의 연계성도 높아 수업에 적용하기도 쉽습니다. 질문을 중심으로 수업하면 답을 찾는 것보다 질문을 찾는 것이 얼마나 가치 있는 일인지 경험할 수 있을 것입니다.

나는 우리 지역 문화유산 해설사

목표
- 우리 지역을 대표하는 유·무형의 문화유산을 탐구하고 문화유산 해설사가 되어 친구들에게 설명할 수 있다.
- 문화유산 해설사가 되어 우리 지역의 문화유산을 소중히 여기는 태도를 지닌다.

성취기준 [4사03-03] 우리 지역을 대표하는 유·무형의 문화유산을 알아보고, 지역의 문화유산을 소중히 여기는 태도를 갖는다.

관련 과목 사회(10차시)

초등학교 3~4학년 교육과정에서 가장 어려운 수업을 하나 꼽으라면 저는 주저하지 않고 문화유산 수업을 고르겠습니다. 역사적 배경지식이 없는 아이들이 문화유산을 조사해서 발표하는 것은 결코 쉽지 않습니다. 우리나라의 문화유산 대부분은 불교와 관련되어 있어 조사과정에서 용어 자체를 이해하지 못하는 아이들도 많습니다.

교사 역시 우리 지역의 문화유산에 관한 관심과 지식이 부족합니다. 문화유산을 가르칠 시기에 관련 도서나 지역 교과서를 살펴보며 미리 공부하지 않으면 구체적으로 설명하기 어려울 정도입니다.

특히 문화유산 수업의 가장 큰 어려움은 답사입니다. 교과서에는 문화유산을 답사하고, 답사 보고서를 작성하게 되어 있습니다. 하지

만 주말에 아이들을 데리고 문화유산 답사를 함께 다녀오는 학부모가 몇 분이나 계실까요? 학부모에게 부담만 드리는 것 같아 답사를 권장하기도 어렵습니다.

5W1H 질문으로 조사하기

———

문화유산을 탐구할 때도 성취기준을 중심으로 질문의 초점을 잡고 대주제와 소주제를 선정합니다. 문화유산은 아이들이 탐구하기 어려운 주제라 개방형 질문과 폐쇄형 질문을 구분하지 않고 5W1H 질문의 답을 찾도록 질문의 폭을 좁히는 방법이 효과적입니다. 경주 불국사 다보탑을 주제로 5W1H 질문을 만들고 조사하면 다음과 같이 정리할 수 있습니다.

1) 5W1H 질문에 답하기

- 다보탑은 누가 만들었나요? (Who)
  - 김대성이 불국사를 지으면서 세운 것으로 보임
- 다보탑은 언제 만들어졌나요? (When)
  - 신라 경덕왕 10년(751년) 추정
- 다보탑은 어디에 있나요? (Where)
  - 경주 불국사
- 다보탑이란 무엇입니까? (What)
  - 다보여래(과거의 부처)의 사리를 모신 높이 10.4m 규모의 석탑
- 다보탑은 어떻게 만들었나요? (How)
  - 화강암을 쌓아서 만듦
- 다보탑을 만든 이유는 무엇일까요? (Why)
  - 석가모니의 사리 보관

2) 5W1H 질문에 답하고 정리하기

5W1H 질문을 중심으로 답을 요약하고 조사 과정에서 새롭게 알게 된 사실을 1~2개 더해 정리하면 다음과 같은 글을 쓸 수 있습니다.

다보탑은 신라 경덕왕 10년(751년)에 김대성이 불국사를 지으면서 세운 것으로 보입니다. 경주 불국사에 있으며 다보여래 부처님의 사리를 모신 탑으로 다보탑이라고 합니다. 높이는 10.4m로 화강암을 쌓아서 만든 아름다운 탑이며 석가모니의 사리를 보관하기 위해 지었습니다.

다보탑을 살펴보면 3층과 같은 구조로 되어 있는데, 1층에는 돌사자가, 2층에는 팔각기둥 위에 팔각 돌이 있습니다. 3층에는 대나무 모양의 기둥 위에 연꽃 무늬가 돌에 새겨져 있어 화려합니다. 1층에 있는 사자상은 원래 4마리였는데 지금은 1마리만 남아 있습니다.

조사한 내용을 자기 말과 글로 표현하기

조사 활동을 하다 보면 아이들이 무슨 내용인지 모른 채 인터넷에 있는 글을 그대로 베껴 쓰는 경우가 많습니다. 이런 학생들은 유튜브 영상에서 들은 내용을 자기 글로 바꿔쓰거나 조사한 내용을 보지 않고 백지에 적어보는 활동을 해보면 좋습니다. 조사 활동에서 중요한 것은 조사한 내용을 자기 언어로 바꾸는 과정입니다. 이해한 내용을 자기 말과 글로 표현할 수 있는지 살펴봐야 합니다.

문화유산 만들기

이제 자신이 조사한 문화유산의 모형을 만듭니다. 문화유산은 탑,

도자기, 건물 등이 대부분이기 때문에 지점토를 활용해 작품을 만들면 시중에 판매되는 종이 모형 만들기 키트보다 훨씬 저렴하고 자신이 원하는 방식으로 꾸밀 수 있어 좋습니다.

문화유산 해설사 되어보기

문화유산 해설가 활동을 위해서는 자신이 조사한 문화유산을 1분 이상 설명하는 것을 목표로 연습해야 합니다. 4학년 아이들에게는 1분 말하기도 어려운 과제입니다. 따라서 공부한 내용을 자기 말로 표현할 수 있는지 교사와 1대 1로 연습해 보고, 부족한 부분은 충분히 피드백을 주어야 합니다. 이 과정을 통해 교사는 아이가 문화유산에 대해 얼마나 이해하고 있는지 파악할 수 있습니다. 방과 후에 남아서 연습을 하더라도 모든 아이가 문화유산을 제대로 설명할 수 있어야 문화유산 해설사 활동이 의미가 있습니다.

문화유산 해설사 활동은 교실의 가운데에 학생들이 만든 문화유산을 전시하고 두 팀으로 나누어 전람회 방식으로 진행합니다. 한 팀이 문화재 해설을 하면 다른 팀은 내용을 잘 듣도록 하고 역할을 바꿔서 번갈아 운영합니다. 처음에는 말이 서툴고 어색한 아이도 친구들에게 똑같은 내용을 5번 이상 말하다 보면 굳어 있던 얼굴이 편안하게 바뀌고 설명도 훨씬 자연스러워집니다.

문화재 답사 활동

유형문화재와 무형문화재를 살펴보기 위해 아이들과 함께 떠난 곳은 하회마을이었습니다. 하회마을에서는 유형문화재와 무형문화재를 함께 볼 수 있고, 류성룡 선생님에 관한 이야기도 들을 수 있어서 4학년 사회과 교육과정을 운영하기에 적절한 장소였습니다.

직접 보고 듣고 느낄 수 있는 문화재 답사는 의미 있는 활동입니다. 다만 '개별적으로 자신이 조사한 유물을 살펴볼 기회가 있다면 얼마나 좋았을까?' 하는 아쉬움은 남았습니다.

Why-What-How로 만드는
질문 중심 수업

앞서 Day2에서 살펴본 〈지층과 화석〉 수업은 질문 중심 수업으로
디자인할 수도 있습니다.

유형	질문
Why	• 지층과 화석은 왜 배워야 할까? • 지층과 화석은 왜 중요할까?
What	• 지층이란 무엇인가? • 화석이란 무엇인가? • 지층인 것과 아닌 것을 구분하는 기준은 무엇인가? (편리 vs 층리) • 퇴적암을 분류하는 기준은 무엇인가? • 퇴적암의 종류에는 무엇이 있는가? • 지층과 화석의 특징은 무엇인가?
How	• 지층 모형은 어떻게 만들까? • 화석 모형은 어떻게 만들까? • 지층과 화석을 일상생활에 어떻게 활용할 수 있을까?

우선 Why에 관한 질문을 떠올려보세요. Why 유형의 질문에 답을 찾는 과정에서 지층과 화석을 가르치고 배워야 하는 근본적인 목적을 떠올릴 수 있기 때문입니다.

다음으로 What에 관한 질문에 답해 보세요. What 유형의 질문은 탐구해야 할 대상에 대한 흥미와 호기심을 유발하고 수업의 초점을 형성하는 역할을 합니다. 어떤 수업이든 개념을 명확히 알아야 학습의 방향이 보입니다.

끝으로 How와 관련된 질문은 학습 기능에 대한 절차와 관련됩니다. 어떤 방법으로 수업을 진행할지 도구와 준비물을 미리 고민하게 합니다. 특히 실생활에 적용할 수 있는 방법을 생각해 본다면 유의미한 수업으로 변화할 수 있습니다.

Why-What-How의 질문을 연결하면 자연스럽게 수업의 맥락이 만들어집니다. 물론 성취기준과의 연결성을 고려하여 내용을 수정해야 합니다. 이처럼 질문 중심으로 수업을 디자인하면 맥락이 풍부해지고 깊이 있는 수업을 만들 수 있습니다. 해당 질문을 학생들과 공유하다 보면 때론 엉뚱하지만 본질적인 물음에 다가갈 때도 있습니다. 예컨대, "선생님, 미라도 화석이에요?", "줄무늬만 있으면 지층이에요?"와 같은 질문에 답을 하다 보면 화석화되는 것과 화석의 차이를 고민하게 되고, 변성 작용으로 만들어진 편리와 퇴적 작용으로 만들어진 층리를 구분하게 됩니다.

수업에 깊이를 더하는 방법은 좋은 질문을 바탕으로 아이들과 함께 탐구하는 자세를 가지는 것입니다. 교육 내용에 대한 깊이 있는 이해가 없이 단편적으로 교과서 지식을 전달하거나 교과서 활동을 따라 하는 방식으로 수업의 폭을 제한하면 의미 있는 수업을 만들기 어렵습니다. 아는 만큼 보이고, 보이는 만큼 하고 싶어지도록 만드는 과정이 수업임을 잊지 말아야 합니다.

2022 개정 교육과정
학교 자율 시간 선택과목을
어떻게 가르칠 것인가?

삶과 맥락이
살아 있는
수업을 만들다

Day 5

지역 중심 수업 디자인

1					
2					
3					
4					
5					
6					
7					

지역 중심
수업 디자인이란?

월요일 아침이면 주말에 있었던 일을 발표하는 시간을 종종 갖습니다. 아이들과 주말 이야기를 하다 보면 자연스럽게 우리 지역에서 벌어지는 일들에 대해 공유하게 되죠.

"지난 주말에 ○○공원에서 코스모스 축제가 열렸는데 정말 재미있었어요."

"얘들아! 아파트 주변에 ○○떡볶이 아니? 지난 주말에 먹어봤는데 정말 맛집이더라!"

아이들은 주로 먹는 이야기나 친척 집, 친구네 집에 놀러 간 이야기를 많이 합니다. 가끔은 지역에서 열리는 축제나 각종 행사에 참여한 이야기도 하게 되는데, 재미있는 점은 아이들끼리 특정 장소에서 우연히 마주치거나 비슷한 걸 먹는 경우가 꽤 많다는 것입니다. 같은 지역에 살다 보니 생활하는 모습이 유사하다는 걸 느낄 수 있습니다.

지역은 아이들이 살아가는 실질적인 삶의 공간입니다. 아이들은 살아가면서 지역의 모습에 자연스럽게 호기심을 갖게 되고 성장하면서 지역의 변화에도 관심을 두게 됩니다. 그런데 지역에서 벌어지는 이야기가 수업 속으로 녹아들면 어떤 일이 벌어질까요? 우리 지역에서 보고, 듣고, 경험한 이야기가 수업 속에 살아 숨 쉰다면 아이들은 자신의 삶에 한 걸음 더 가까이 다가가지 않을까요?

지역을 중심으로 수업을 디자인하면 생생한 수업 이야기가 나오게 됩니다. 학습 과제의 실제성이 매우 높아지기 때문이죠. 예를 들어, 님비(NIMBY) 현상을 교과서로 배우는 것과 직접 경험하는 것은 엄청난 차이가 있습니다.

학교 현장에서 쓰레기 소각장 설치 문제를 주제로 토론하는 수업이 많습니다. 하지만 우리 지역의 쓰레기 소각장에 직접 가보고 직원으로부터 쓰레기 소각장이 건립되기까지의 이야기를 들어볼 기회는 없지요. 쓰레기 소각장이 우리 지역에 어떻게 설치되었는지, 우리가 버린 쓰레기가 어떻게 처리되고 있는지 눈으로 직접 보면 생각의 폭이 깊어질 수 있지만 가보는 경우는 거의 없습니다.

님비 현상에 관한 토론 수업을 하게 되면 혐오 시설 설치 반대에 대한 의견만 듣고 끝나는 경우가 대부분입니다. 살아 있는 수업을 만들려면 지역의 현실을 수업에 반영해야 합니다.

지역 중심 수업 디자인은 지역의 문제를 수업으로 가져와 아이들과 함께 살아 있는 경험을 하는 것입니다. 수업 디자인의 초점이 지역에 있다 보니 현장 체험이나 조사, 면담과 같은 활동이 주로 이루어집니다. 따라서 지역 중심 수업 디자인은 평면적인 교과서 중심의 수업에서 벗어나 입체적인 경험과 다양한 활동으로 아이들이 살아가는 지역의 문제에 집중해야 합니다. 이 과정에서 아이들은 지역에 대한 애착을 느끼기도 하고, 지역 문제 해결에 더욱 능동적인 태도를 갖게 됩니다. 특히 고학년의 경우, 자신이 살아가는 지역과 다른 지역과의 관계에 대해 이해하게 되고, 사회 현상에 관한 관심도 부쩍 높아지는 것을 볼 수 있습니다.

지역 중심 수업 디자인
어떻게 할까?

1. 수업 기획

지역 중심 수업 디자인은 지역에 대한 교사의 관심에서 시작됩니다. 아이들은 교사에 비해 지역에 대한 경험의 폭이 좁고 이해 수준도 낮습니다. 지역 문제를 수업 속으로 끌어오기 위해서는 교사의 철저한 기획과 준비가 필요합니다.

(1) 로직 트리(Logic Tree)로 문제 발견하기

로직 트리는 맥킨지 컨설팅 회사에서 문제 해결을 위해 만든 논리적 사고 기법으로 유명합니다. 로직 트리는 문제의 근본적인 원인을 찾아야 진정한 문제 해결을 할 수 있다고 생각하고 논리적인(Logic) 선택지를 나무(Tree) 구조로 나열하여 최적의 선택지를 고르는 사고

기법입니다.

　다음 성취기준을 중심으로 로직 트리를 활용하는 방법을 살펴보겠습니다.

> [4사03-06] 주민 참여를 통해 지역 문제를 해결하는 방안을 살펴보고, 지역 문제의 해결에 참여하는 태도를 기른다.

　본 성취기준에서의 지역 문제란 교통 문제, 쓰레기 문제, 환경 문제 등 여러 사람이 모여 사는 지역에서 발생하는 문제를 말합니다. 어떻게 하면 지역의 문제를 발견할 수 있을까요?

　우선, 지역에서 문제가 일어나는 적절한 장소를 선정해야 합니다. 지역 문제는 공동의 문제이기 때문에 사람들이 함께 사용하는 공동의 장소를 골라야 합니다. 저는 아이들이 자주 이용하는 장소 세 곳을 골랐습니다. 물론 세 장소에 미리 가보고 예상되는 문제점을 살펴본 후 장소를 정하는 것이 좋겠지요.

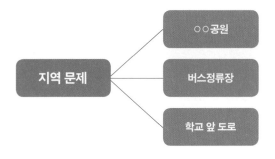

이 중 아이들이 선택한 장소는 ○○공원이었습니다. 해당 공원은 아이들이 자주 이용하기도 하고, 여름철에 공원에서 물놀이를 하고 눈병을 옮아오는 학생들이 많았던 점이 가장 큰 문제로 드러났습니다. 세 장소 중에 ○○공원을 중심으로 아래와 같이 로직 트리를 작성하면 구체적인 문제점을 발견할 수 있습니다.

아이들과 대화를 나누며 ○○공원에 예상되는 문제점을 세 가지로 나누어 살펴보았습니다. 그리고 아이들과 함께 공원에 방문해서 문제점을 찾아보았습니다.

(2) 현장 조사 및 인터뷰

필기도구를 챙겨 아이들과 함께 공원으로 갔습니다. 운이 좋게 공원 관리를 하시는 분과 면담하며 공원 문제를 깊이 있게 살펴볼 수 있었습니다.

　"동생들이 공원을 사용하면서 눈병을 옮아오는 일이 많은데요. 화장실이 없어서 그런 것 같아요. 이 공원에는 왜 화장실이 없나요?"

　"공원에 화장실을 지으려면 예산이 필요해요. 몇 번 시청에 건의했지만 예산, 그러니까 돈을 받아내지 못했어요."

　"그래도 물놀이장에 화장실이 없다는 게 말이 안 돼요. 볼일이 급하면 어디로 가야 하나요?"

　"맞아요. 여러분이 말한 것처럼 공원에 화장실이 있으면 좋겠지만 화장실을 쉽게 지을 수 없어요. 화장실이 지어지면 공중위생을 위해 화장실을 관리하는 사람을 뽑아야 하는데, 이 공원은 여름철에만 이용하는 사람이 많아서 관리하는 사람을 뽑기도 애매해요."

　"공원에 쓰레기통이 없는데 설치하면 안 되나요?"

"공원에 쓰레기통이 사라진 것도 마찬가지예요. 쓰레기통이 설치되면 쓰레기 문제가 해결될 것 같지만 실제론 그렇지 않아요."

"네? 쓰레기통이 있어야 공원에 쓰레기가 줄지 않나요?"

"쓰레기통이 생기면 오히려 사람들이 쓰레기를 더 많이 버려서 주변 환경이 나빠진다고 해요. 쓰레기는 집에 가서 버려야 하는데, 그러려면 공원을 사용하는 시민 의식이 좋아져야 해요."

공원 관리자와 면담을 하고 난 뒤 아이들은 더욱 적극적으로 공원을 돌아보며 문제점을 발견하기 시작했습니다. 포스트잇에 메모하며 가장 문제가 되는 부분을 적어나가기 시작했죠. 특히 공원 안에 있는 물놀이 장이나 안전시설 등을 세밀하게 살펴보고 로직 트리를 완성했습니다.

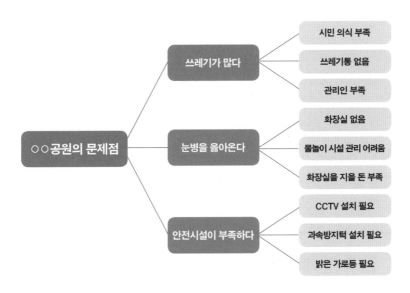

지역 현장 답사하기

지역 현장 답사는 학부모 동의, 학교장 허락을 받은 후 안전하게 이동할 수 있도록 교과 전담 선생님의 도움을 받아 진행하였습니다. 아이들이 이동하기에 안전한 동선을 미리 파악하고 현장 답사를 할 수 있도록 충분한 사전 준비가 필요합니다.

(3) 지역 문제 정의하기

로직 트리를 활용하면 문제를 단순화하고 시각화할 수 있습니다. 아이들에게 우리 지역의 문제가 무엇이냐고 물으면 "길거리에 쓰레기가 많아요.", "주차장이 적어요."라고 대답할 겁니다. 하지만 장소를 선정하고 문제를 세분화하여 정리하면 문제의 근본적인 원인을 찾을 수 있습니다.

아이들이 완성한 로직 트리를 바탕으로 분석한 결과 ○○공원의 가장 큰 문제점은 화장실이었어요. 화장실이 없어서 눈병을 옮아오는 아이들이 너무나 많았거든요. 그래서 '○○공원에 화장실을 지어주세요!'라는 주제로 지역 문제를 정의하고 수업을 진행했습니다. 이처럼 지역의 내용을 수업으로 연결하기 위해서는 깊이 있는 원인 분석이 필요합니다.

2. 수업 계획

주제 ○○공원에 화장실을 지어주세요!(15차시)

학습 목표
- 주민 참여의 중요성을 알고 다양한 주민 참여 방법을 설명할 수 있다.
- 우리 지역의 문제가 발생하는 원인을 파악하고 해결 방안을 찾을 수 있다.
- 지역 문제에 관심을 갖고 문제 해결에 적극적으로 참여하는 태도를 가진다.

핵심 개념 지역 문제, 주민 참여

관련 교과 사회

차시	활동	준비물 및 유의점
1	• 로직 트리로 지역 문제 발견하기 – 탐구 장소 선정하기	
2~3	• 현장 체험 및 면담하기 • 우리 지역 문제 정의하기 – ○○공원에 화장실을 지어주세요!	문제 정의 시 실천 가능성 검토하기
4~5	• 주민 참여의 의미와 방법 알아보기	주민 참여 개념 익히기
6~7	• ○○공원 화장실 모형 디자인하기	다양한 형태의 창의적인 화장실 모형 디자인하기
8~10	• 화장실 모형 디자인 결과물 발표하고 피드백하기	
11~12	• 우리 지역의 문제점 해결 방안 탐색하기	
13	• 시장에게 지역 문제 해결을 위한 제안서 쓰기	
14	• 디자인 모형과 제안서를 시장에게 보내고 주민 참여 소감 나누기	
15	• 공부한 내용으로 생각 그물 만들기	

3. 수업 실천

화장실 모형 디자인하기

―

"여러분은 공원에 어떤 화장실이 있으면 좋겠어요?"

"저는 수박 모양이었으면 좋겠어요. 여름철 물놀이에는 수박이 빠질 수 없잖아요."

"저는 시원한 바람을 느낄 수 있는 풍차 모형으로 만들고 싶어요."

"선생님, 저는 제가 좋아하는 캐릭터 모양으로 하면 안 되나요?"

"좋아요. 여러분이 원하는 형태로 디자인하고 만들어봅시다. 실제로 화장실 모형을 만들어봐야 어떤 문제점이 있는지 알아볼 수 있을 테니 집중해서 만들어봐요. 여러분의 아이디어를 있는 그대로 정리해서 시청에 보낼게요."

수업은 그 어느 때보다 활기차게 진행되었습니다. 아이들이 디자인한 화장실은 일반적인 화장실과 상당히 달랐습니다. 특히 수박을 형상화한 화장실은 단연 눈에 띄었습니다. 붉은색 수박에 씨앗 모양의 검은색 창문, 푸른 하늘을 볼 수 있도록 천장을 뚫어놓은 모습을 바라보면서 아이들이기 때문에 만들 수 있는 화장실이란 생각이 들었습니다.

다양한 화장실 모형

풍차 모양의 화장실도 매우 정교하게 만들어졌습니다. 마치 놀이
동산에 있을 법한 화장실이었습니다. 이외에도 다양한 화장실이 만들
어졌지요. 캐릭터를 활용한 화장실부터 고래 모양 화장실까지 등장했
습니다.

만들기의 핵심은 자신이 계획한 디자인을 그대로 구현하는 데 있
습니다. 저는 수업 중에 만들기를 많이 강조하는 편인데, 생각을 입체
물로 구현하고 설명할수록 사고가 정교화되는 모습을 자주 보았기 때
문입니다.

아이들은 자신이 만든 화장실 모형을 친구들에게 소개하고, 서로

질문을 주고받으며 공원에 어떤 화장실이 세워지면 좋을지 이야기를 나누었습니다.

시장에게 편지 보내기

—

지역 문제를 발견하는 것도 중요하지만 주민 참여를 배우는 것이 사회과 성취기준의 핵심입니다. 적극적인 태도로 지역 문제 해결을 위해 노력해야 하죠. 화장실 모형을 만든 아이들의 반응은 어땠을까요? 공원에 반드시 화장실을 설치해야 한다고 난리였습니다.

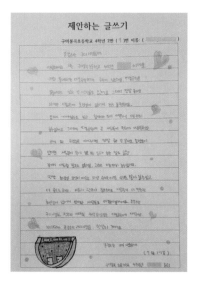
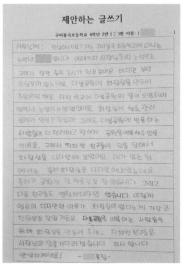

"선생님, 어떻게 해야 공원에 화장실을 지을 수 있어요?"

"지난번에 배운 것처럼 주민 참여를 해야 해요. 시청 누리집에 민원을 올리거나 편지를 보내는 것도 좋은 방법이에요. 필요하다면 시청에 직접 방문할 수도 있겠죠?"

"시장님한테 직접 써도 돼요?"

"물론이죠. 시장님 비서실로 여러분이 쓴 글을 보낼 수도 있어요."

아이들은 편지지를 만들어 달라고 했습니다. 얼마나 정성껏 쓰는지 한 쪽이 꽉 차는 편지가 수십 통이었습니다. 화장실을 지어달라, CCTV와 가로등, 과속방지턱을 설치해 달라는 이야기가 상세하게 적혀 있었죠. 저는 아이들의 과제물을 모아 구미시장 비서실로 보냈습니다.

시청의 답변

편지를 보내고 한 주가 지난 후에 시청 공원 녹지과에서 연락을 받았습니다. 아이들의 제안을 받아들여 공원 내 화장실 설치를 검토하고, CCTV와 과속방지턱 등을 설치하기로 약속한다는 내용이었습니다.

이후 공원에 실제로 CCTV와 과속방지턱이 설치되었고, 2021년에는 화장실이 설치되었습니다. 아이들과의 수업이 지역의 문제를 해결

○ 봉곡초등학생 제안 심사

심사일	'18. 8. 10.		심사자	공원녹지과장	
제안내용	다봉공원 화장실 설치 및 학생아이디어 도입, 시장님과 면담요청			채택여부	부분채택
심사평	○공원이용객 편의제공을 위하여 올해는 다봉공원 내 임시 화장실을 배치하여 운영중에 있고 화장실 설치를 위하여 2019년도 도비보조 예산을 신청하였으며 예산반영시 화장실을 설치할 계획입니다. ○봉곡초등학교 학생들이 디자인한 화장실 설치 요청건에 대하여는 실시설계시 경제성, 시공성, 유지관리 및 이용성통을 종합적으로 검토하여 시행할 계획이며 사업진행시 시장님과의 면담도 추진해 보도록 하겠습니다. ○다봉공원 주변 CCTV는 올해안으로 설치하도록 하겠습니다. (2개소) 감사합니다.				

한 의미 있는 순간이었습니다.

4. 수업 성찰

지역을 중심으로 수업을 디자인하면 실질적인 삶의 변화와 연결됩니다. 교과서 중심의 평면적인 수업을 진행하는 것과 지역 사회 속으로 뛰어들어 입체적인 수업을 진행하는 것은 큰 차이가 있습니다. 지역 문제는 아이들이 스스로 문제를 발견하도록 수업해야 적극적인 자세를 이끌어낼 수 있습니다. 물론 힘들고 어려운 수업이지만 그 어느 순간보다 아이들에게 값진 경험이 될 수 있습니다.

살아 있는 수업 이야기 6

환경 문제 해결을 위한 캠페인 열기

목표 일상생활에서 환경 문제 해결을 위한 방법을 찾아 실천할 수 있다.

성취기준

[6국01-03] 절차와 규칙을 지키고 근거를 제시하며 토론한다.

[6사08-05] 지구촌의 주요 환경 문제를 조사하여 해결 방안을 탐색하고, 환경 문제 해결에 협력하는 세계시민의 자세를 기른다.

관련 과목 국어, 사회(총 20차시)

환경 수업을 시작하기 전에 먼저 자신을 둘러싼 환경을 사진으로 찍어오도록 했습니다. 내 주변의 환경을 인식하는 것에서부터 수업을 시작하고 싶었기 때문입니다. 아이들이 찍은 사진을 인쇄해서 칠판에 붙여놓고 소감을 적도록 했습니다.

"친구가 아파트 앞에 있는 놀이터를 찍었는데, 자세히 보니 나무가 병풍처럼 둘러 있는 게 신기했어요."

"제가 학원 갈 때 매일 지나치는 빌라인데요. 빌라 옆에 나무가 있었는지 몰랐어요."

"푸른 하늘을 찍어본 게 오랜만인 것 같아요."

아이들과 함께 사진을 바라보며 나를 둘러싸고 있는 환경에 관해 생각하고 이야기하는 시간을 가졌습니다. 그러다 보니 환경의 소중함 과 환경 오염 문제에 관해 자연스럽게 이야기를 나눌 수 있었습니다.

우리 지역의 쓰레기는 어디로 갈까?

님비 현상은 국어과 토론 주제로 적합해서 아이들과 밀도 있는 이 야기를 나눌 수 있습니다.

"우리가 사용하고 남은 쓰레기는 어떻게 처리될까요?"

"보통은 땅에 묻거나 태우지 않나요?"

"어디에서 태울까요?"

"쓰레기 처리장 같은 곳이 있을 것 같아요."

"좋아요. 혹시 우리 지역에 쓰레기 처리장이 들어오면 어떨 것 같아요? 찬성하는 사람은 손을 들어보세요. 어? 손드는 학생이 없네요. 왜 모두 반대죠?"

"냄새가 나거나 쓰레기를 태우면 공기가 오염될 것 같아서 싫어요."

"하지만 우리 지역의 쓰레기 문제를 스스로 책임지고 해결해야 하지 않을까요? 우리 지역에 쓰레기 처리장이 생긴다고 가정하고 장단점을 따져봅시다. 토론은 충분히 조사 활동을 한 후에 이야기하죠."

님비 현상에 관한 토론

"우리 지역의 쓰레기가 어떻게 처리되고 있는지 누가 이야기해 볼래요?"

"선생님, 제가 인터넷에서 조사해 보니 우리 지역에도 쓰레기 처리장 설치 때문에 갈등이 많았어요. ○○면에 환경자원화시설이라는 곳이 들어서기까지 주민들과 보상 문제로 오랜 시간 갈등을 겪었더라고요."

"우리 지역에 설치된 환경자원화시설은 생각보다 좋았어요. 생활 쓰레기를 친환경적으로 처리하는 시설이었는데, 환경 오염을 막을 수 있도록 만들어진 첨단 시설이었고 주민 편의시설도 함께 갖추고 있었어요."

"처음에는 주민들이 반대했는데, 지역개발기금 100억과 수수료 감면 혜택을 받게 되었고, 결국 ○○면에서 88%라는 높은 동의를 얻어서 개발되었다고 했어요."

"좋아요. 그럼 이런 시설이 우리 동네에 건설된다고 하면 어때요?"

"저는 여전히 반대해요. 토양 오염이나 해충이 발생할 수 있는데, 건강에 해로운 건 싫어요."

"소음이나 악취가 날까봐 걱정스러워요. 그리고 이런 시설이 들어

오면 집값도 내려갈 수 있다고 부모님이 말씀하셨어요."

"장점은 없을까요?"

"결국, 어딘가에서 쓰레기 처리를 해야 하잖아요. 다른 지역의 쓰레기가 빠르게 처리될 수 있는 장점이 있어요."

"제 생각에는 사람이 많이 사는 곳에 설치하진 않을 것 같아요. 쓰레기 처리장이 생기면 그 지역에 일자리도 늘어나지 않을까요? 100억이라는 돈을 지원해 주니 지역 발전에도 도움을 줄 수 있을 것 같아요."

"우리 지역에 쓰레기 처리장을 건설하는 것에 찬성하는 학생이 있다면 손을 들어볼까요? 5명 정도 손을 들었네요. 무슨 이유죠?"

"찾아보니까 첨단 시설이고 100억이라는 돈을 지역 발전을 위해 준다는데, 괜찮은 선택인 것 같아요."

"선생님, 그곳에 직접 가보면 안 되나요?"

"그래, 이렇게 말로만 이야기할 것이 아니라 한 번 가보면 좋겠죠!"

아이들의 이야기가 맞았어요. 님비 현상에 관한 토론은 여러 번 해보았지만, 실제 현장에 가본 적은 없었습니다. 이번 기회에 아이들과 함께 우리 지역의 쓰레기 문제에 대해 깊이 살펴봐야겠다는 생각이 들었습니다. 그래서 시청의 도움을 받아 견학 일정을 잡고 시설에 다녀올 수 있었습니다.

쓰레기 처리 시설 견학

—

환경자원화시설에 방문한 아이들은 깜짝 놀랐습니다. 생각보다 너무나 깔끔한 시설에 눈이 휘둥그레졌습니다. 직원으로부터 쓰레기 문제 해결을 위해 어떤 노력을 하고 있는지 자세한 설명을 듣고 이야기 나누는 시간을 가졌습니다.

인형뽑기 기계처럼 생긴 쓰레기 소각 시설을 살펴본 아이들은 엄청난 양의 쓰레기를 보고 깜짝 놀라기도 했습니다.

"선생님, 이 정도의 시설이면 우리 지역에 설치해도 괜찮을 것 같은데요?"

"생각보다 엄청 깔끔하게 관리되더라고요. 솔직히 냄새가 심할 줄 알고 마스크를 준비했는데, 괜찮았어요."

"선생님이 직원분에게 이야기 들어보니 이 시설에서는 음식물 쓰레기를 다루지 않아 냄새가 거의 없다고 해요. 음식물은 다른 곳에서 처리한다고 들었어요."

"생각했던 것과는 완전히 달랐어요. 저는 무조건 반대였거든요? 이 정도 시설이면 찬성할 수도 있

을 것 같아요."

견학을 마친 다음 날, 마지막 토론이 있었습니다. 실제 견학했던 아이들의 이야기가 이어지자 쓰레기 처리장 설치에 대한 찬성과 반대 의견이 비슷해졌습니다. 견학 이후 환경 문제를 바라보는 아이들의 생각이 깊어진 것을 느낄 수 있었습니다.

환경 캠페인 열기

이후 아이들과 학급 회의에서 환경 문제 해결을 위한 방법을 협의하던 중 좋은 아이디어가 나왔습니다. 바로 '빈 병 모아 기부하자!' 캠페인이었어요. 당시에 빈 병을 100원으로 바꿔주는 공익광고가 한창이었는데, 환경 보호를 위해 함께 도전해 보자는 것이었습니다. 10일 동안 아침마다 빈 병을 모아 기부하자는 캠페인을 벌였는데, 저희 반 교실 복도에 소주병이 수북하게 쌓이기 시작했습니다.

"선생님, 오늘 드디어 200병이 넘었어요!"

아침마다 아이들이 빈 병을 세느라 정신이 없었죠. 슬슬 복도에 냄새가 나기 시작했고 아이들과 빈 병을 들고 마트로 향했어요. 빈 병

약 230개를 모둠별로 나누어 들고 마트에서 현금으로 바꾸었습니다.

23,000원 정도의 작은 돈이었지만 기부를 하기로 하자 아이들이 얼마나 뿌듯해했는지 모릅니다. 유니세프에서 기부 확인서가 도착했을 때 아이들이 환호하던 모습이 아직도 눈에 선합니다.

환경 수업의 딜레마

—

아이들과 환경과 관련된 수업을 할 때마다 느끼는 가장 큰 딜레마는 교사인 저조차 환경 문제 해결을 위해 적극적인 노력을 하고 있지 않다는 점입니다. 하지만 아이들에게 환경 문제 해결은 어려운 것이라고 가르칠 수는 없기에 늘 작은 것부터 함께 실천하자고 이야기합니다.

　사실 환경 수업을 할 때마다 마음속에서 갈등은 커져만 갑니다. 북극곰과 아마존에서 벌어지는 환경 문제를 한국에 사는 아이들이 해결할 수는 없으니까요. 그렇다고 우리 반 아이들이 갑자기 그레타 툰베리처럼 될 수도 없고요. 그래서 저는 우리 반 아이들과 생활 속에서 환경 문제 해결을 위해 지금 당장 무엇을 할 수 있는지에 대해 진지하게 이야기를 나눕니다. 언젠가는 오늘의 작은 실천이 큰 교훈으로 남길 바라면서요.

삶과 맥락이
살아 있는
수업을 만들다

Day 6

주제 중심 수업 디자인

1				
2				
3				
4				
5				
6				
7				

주제 중심
수업 디자인이란?

주제(Theme)란 대화나 연구에서 중심이 되는 문제를 말합니다. 글, 대화, 책, 영화 등에서 전달하고자 하는 전체의 중심 생각을 뜻하는 용어이기도 합니다. 따라서 포괄적이며 추상적인 특징을 가지고 있습니다. 주제와 비슷한 개념으로 자주 사용되는 용어는 토픽(Topic)입니다. 토픽은 주제보다 하위 개념으로 볼 수 있습니다. 대화나 글에서 말하고자 하는 부분적인 주제를 뜻하지요.

학교 현장에서 '주제'는 어떤 의미로 사용될까요? 학교에서는 여러 교과를 묶어주는 추상적인 개념 정도로 사용합니다. 요즘 아이돌 그룹 중에는 유닛(Unit)을 만들어 활동하는 모습을 종종 볼 수 있는데, 주제를 선정하는 것도 이와 비슷합니다. 여러 교과에서 공통 개념을 중심으로 하나의 유닛을 만든다고 생각하면 쉽습니다. 예를 들어 사회, 도덕 교과의 공통 개념인 다문화나 인권을 주제로 교과를 통합하여 수업을 디자인하는 것이죠.

주제 중심 수업 디자인은 주제를 중심으로 여러 교과를 연계해 통합적인 지식을 얻는 데 목표를 둔 수업을 말합니다. 일반적으로 주제 중심 수업을 디자인하기 위해서는 교육과정을 분석하고 각 교과에 연결된 공통 개념을 중심으로 주제망을 그립니다. 이후 주제를 공부하기에 적당한 수업 차시 분량을 정하고 활동을 구안하여 계획서를 작성합니다.

주제 중심으로 수업을 디자인하면 비슷한 내용을 중복해서 가르치지 않아도 되고 차시 분량도 줄어들어 효과적입니다. 교과의 내용이 유기적으로 연결되면 통합적인 배움이 일어날 수도 있겠죠. 최근에는 프로젝트 수업, 주제 중심 통합 수업, 백워드 설계 등 주제 중심 수업을 만들어가는 교수학습 방법이 미래 교육의 추세로 자리 잡아가고 있습니다. 하지만 각 교과의 개념을 충분히 반영하지 않고 아이들의 호기심만 자극하는 두루뭉술한 주제로 맥락 없는 활동만 나열하는 수업도 자주 보여 아쉬울 때가 많습니다.

주제 중심 수업은 각 교과의 핵심 개념을 명확히 이해하고, 교과의 개념을 삶 속에 적용할 수 있는 통합적인 활동을 시도하는 데 그 목적이 있습니다. 단편적으로 여러 교과를 연결했다고 해서 주제 중심 수업이라고 할 수는 없습니다. 여러 교과의 내용이 삶의 맥락 속에 하나의 주제로 연결될 때 비로소 통합의 의미가 살아날 수 있습니다.

주제 중심 수업은 교과 수업만큼이나 사실적 지식과 개념을 명확하게 이해하고 있는지 자주 확인해야 합니다. 충분한 교과 지식이 주제로 연결되어 통합되어야 하고, 삶 속에 적용할 수 있는 실천적 과제를 설정하여 수업을 진행해야 합니다. 단편적으로 교과 개념의 공통된 키워드를 찾아 주제를 만들기보다 아이들이 배운 지식을 삶에 통합시킬 수 있는 적절한 과제를 찾는 것이 무엇보다 중요합니다.

주제 중심 수업 디자인
어떻게 할까?

1. 수업 기획

(1) 교육과정 분석하기

교과별 성취기준을 분석해 보면 6학년 사회와 도덕에서 인권 개념
이 중복되는 것을 확인할 수 있습니다. 그래서 인권을 주제로 수업 디
자인을 하면 내용의 중복도 피하고 시간을 절약할 수 있습니다.

> ● 사회
> [6사02-01] 인권의 중요성을 인식하고 인권 신장을 위해 노력했던 옛사람들의 활
> 동을 탐구한다.
> [6사02-02] 생활 속에서 인권 보장이 필요한 사례를 탐구하여 인권의 중요성을 인
> 식하고, 인권 보호를 실천하는 태도를 기른다.
> [6사02-03] 인권 보장 측면에서 헌법의 의미와 역할을 탐구하고, 그 중요성을 설
> 명한다.

● 도덕

[6도03-01] 인권의 의미와 인권을 존중하는 삶의 중요성을 이해하고, 인권 존중의 방법을 익힌다.

● 국어

[6국01-02] 의견을 제시하고 함께 조정하며 토의한다.

다만 교과서 구성상 사회는 1학기에, 도덕은 2학기에 인권을 배우게 됩니다. 따라서 적절하게 시기를 조정하고 통합해야 합니다.

다음은 과목에 상관없이 성취기준을 분석하여 인권을 주제로 할 수 있는 활동을 나열해 보았습니다.

순	활동
1	인권의 의미와 인권을 존중하는 삶의 중요성 알기
2	인권 신장을 위해 노력했던 옛사람들의 활동 탐구하기
3	생활 속에서 인권 보장이 필요한 사례 탐구하기
4	인권 보호를 실천하는 태도 기르기
5	인권 존중 방법 익히기
6	인권 보장 측면에서 헌법의 의미와 역할 탐구하고 중요성 설명하기

활동의 맥락이 보이시나요? 단순히 성취기준의 내용을 분절하여 과제 수행하듯 활동을 나열하면 통합의 의미가 사라집니다. 인권의

의미와 중요성을 깨닫게 하려면 아이들의 눈높이에서 경험할 수 있는 인권 문제에 초점을 두어야 합니다. 활동의 흐름이 자연스럽지 않다면 아이들도 혼란스러울 수밖에 없습니다. 그렇다면 활동의 맥락을 어떻게 만들어야 할까요?

(2) 삶과 관련지어 목표 세우기

성취기준만 바라보면 인권이라는 공통 개념만 보입니다. 물론 성취기준을 분절하고 유사한 활동을 묶어가며 수업을 디자인할 수도 있습니다. 하지만 활동을 단편적으로 묶어내는 것만으로 수업 디자인을 했다고 할 수는 없습니다. 아무리 좋은 활동이라도 맥락이 없으면 의미가 남지 않으니까요. 구슬이 서 말이라도 꿰어야 보배이듯 수업도 마찬가지입니다.

맥락을 만들려면 어떻게 해야 할까요? 우선, 아이들의 삶과 관련지어 유의미한 주제와 목표를 정해 보세요. 한 편의 이야기를 만들 듯 수업의 주제와 목표를 정리하며 수업의 방향을 설정해 보세요.

인권 문제를 사회적인 시선으로만 바라보면 아이들은 접근하기가 어렵습니다. 그래서 저는 12살이라는 아이들의 눈높이에 맞추어 인권 문제를 바라보는 데 초점을 두었습니다. '나, 학교, 사회'로 공간을 천천히 넓혀가면서 인권 문제를 토의하고 싶었습니다. 그 과정에서 자연스럽게 인권 신장을 위해 노력한 분들의 이야기가 나오고, 인권 보장을 위한 법의 필요성을 이해하게 될 것으로 기대했지요.

주제

12살, 인권의 주인공이 되다.

목표

- 인권 보장을 위한 다양한 사례를 살펴보며 인권의 의미와 중요성을 이해할 수 있다.
- 나, 학교, 사회로 공간을 넓혀가며 인권 문제와 관련된 사례를 탐구하고 법의 역할을 탐색할 수 있다.
- 12살, 인권에 대한 자기 생각을 글로 쓰고 발표할 수 있다.

결국 아이들에게 남아야 하는 것은 인권에 대한 자기 생각을 표현하는 것이고, 글을 쓰고 발표하는 과정에서 인권을 대하는 아이들의 태도를 엿볼 수 있으리라 생각했습니다. 이렇듯 교육과정을 분석하고 주제와 목표를 떠올리다 보면 자연스럽게 맥락이 형성되는 것을 느낄 수 있습니다.

(3) 삶에 적용할 수 있는 과제 만들기

인권과 법을 배우고 나면 아이들은 무엇을 할 수 있을까요? 자신의 삶에 적용할 수 있는 과제가 필요합니다. 그래야 배움이 남습니다. 문제는 삶과 통합된 과제를 쉽게 찾을 수 없다는 것입니다. 하지만 끊임없이 관련 주제를 고민하다 보면 어느 순간 모든 활동을 꿰뚫을 수 있는 과제를 찾게 됩니다. '아하!' 하고 떠오를 때까지 오랜 시간 고민하고 동료 선생님들과 이야기를 나누어보세요.

> **과제**
> • 학칙과 생활지도 규정을 살펴보고 학교생활 속 인권 문제 해결을 위한 공청회 열기

저는 학칙과 생활지도 규정이 인권을 적용할 수 있는 유의미한 과제라고 판단했습니다. 학칙에 아이들의 인권이 얼마나 보장되어 있는지, 생활지도 규정에 아이들의 인권을 제한하는 요소는 없는지 스스로 고민하고 토의하게 하며 함께 이야기를 나누고 싶었습니다.

2. 수업 계획

주제 12살, 인권의 주인공이 되다(30차시)

학습 목표
• 인권 보장을 위한 다양한 사례를 살펴보며 인권의 의미와 중요성을 이해할 수 있다.
• 나, 학교, 사회로 공간을 넓혀가며 인권 문제와 관련된 사례를 탐구하고 법의 역할을 탐색할 수 있다.
• 12살, 인권에 대한 자기 생각을 글로 쓰고 발표할 수 있다.

과제 학칙과 생활지도 규정을 살펴보고 학교에서 발생할 수 있는 인권 문제를 찾아 공청회 열기

중주제	학습 활동
나의 생활과 인권	• 그림책 《세상 모든 아이들의 권리》 읽기 • 인권의 의미와 인권을 존중하는 삶의 중요성에 대해 알아보기 – 일상생활 속 나의 인권에 대해 깊이 생각하고 토의하기 • 일상생활에서 발견할 수 있는 나의 인권을 그림으로 표현하기 • 학생들이 그린 그림을 엮어 그림책으로 만들기
학교생활과 인권	• 학교생활에서 발생할 수 있는 학생 인권 문제 탐구하기 • 학교생활 속 인권 문제 토의하기 – 토의 방법 및 절차 이해하기 – 학교생활 속 인권 문제를 정하여 토의하고 학급 규칙 정하기 예) 줄서기, 교실 앞문 활용 문제, 고학년 화장품 사용 문제 등

사회생활과 인권	• 차별의 역사와 인권 문제 알아보기
	• 인권 신장을 위해 노력한 옛사람들의 활동 탐구하기
	• 소수자의 인권 이해를 위한 '한 걸음 더' 활동하기
	 – 모든 학생이 카드에 적혀 있는 소수자가 되어 한 줄에 서고,
	  인권과 관련된 질문에 답하며 한 걸음씩 앞으로 나아가는 활동하기
	 – 장애, 젠더, 인종, 신분 문제에 대한 갈등 상황에 대해 고민하고
	  인권 신장과 인권 보호에 대한 자신의 의견 쓰기

법과 인권	• 법이란 무엇인지 알아보고, 인권과 법의 관계 이해하기 • 인권 보장을 위한 헌법의 역할 알기 – 헌법에 나타난 국민의 기본권과 의무 알아보기 – 바람직한 권리와 의무의 관계에 대해 이해하기
삶에 적용하기	• 학칙과 생활지도 규정을 살펴보고 학교생활 속 인권 문제 해결을 위한 공청회 열기 • 12살, 인권에 대한 자기 생각을 글로 쓰고 발표하기

▶ **평가 기준**

학칙과 생활지도 규정을 살펴보고 학교생활 속 인권 문제 해결을 위한 공청회에서 자기 생각을 표현할 수 있다.

3. 수업 실천

그림으로 표현하는 나의 생활과 인권

—

"선생님이 오늘 읽어줄 책은《세상 모든 아이들의 권리》라는 그림 책이에요. 함께 살펴보고 인권에 대해 생각해 봐요."

《세상 모든 아이들의 권리》라는 그림책은 유엔 아동권리협약을 그림으로 표현한 책입니다. 그림책을 읽고 난 후에 아이들과 '나의 생활과 인권'을 주제로 그림책을 만들었습니다. 아주 소소한 일상의 모습이 인권이란 주제로 표현되었습니다. 식물과 동물을 기를 수 있는 권리, 옷을 골라 입을 권리, 원하는 음악을 즐겁게 들을 수 있는 권리 등 자신의 일상생활을 되돌아보며 아이들은 인권의 개념을 이해하게 되었습니다.

학교생활과 인권 문제

—

아이들과 학교생활을 하면서 벌어지는 인권 문제에 관해 이야기를 나누었습니다. 인권 보장과 인권 침해로 내용을 구분하여 살펴봤지요. 그 결과 인권 보장과 관련해서는 공부할 권리, 화장실 사용 권리,

안전 보장, 급식 제공, 책 대여 등의 권리가 있음을 찾았습니다. 그러면서 아이들은 쉴 권리와 놀 권리가 부족하다고 주장했죠.

"선생님, 우리는 쉬는 시간이 정말 부족해요. 학년이 올라가니까 공부할 내용도 많아지고 답답하거든요. 쉬는 시간을 조금이라도 늘리면 안 될까요?"

"학교 놀이터에서 놀고 싶어도 저학년 아이들이 많아서 놀기 불편해요. 고학년 놀이터를 따로 만들면 안 되나요?"

수업 당시에는 코로나 사태로 급식 후 바로 하교해야 하는 상황이 발생하면서 아이들의 쉬는 시간이 많이 줄어든 상황이었습니다. 하지만 뚜렷한 해결책이 없었죠. 노는 문제도 마찬가지였습니다. 아이들에게 해줄 수 있는 게 거의 없어서 토의가 무용지물이었습니다.

그러던 어느 날 학교 피구장에서 한 아이가 넘어져 다치고 운동복 바지에 구멍이 나는 사건이 발생했습니다. 강당 사용이 어려운 경우가 많아서 보도블록 위에 라인을 그려놓은 피구장을 종종 이용하곤 했는데 무리하게 공을 피하다가 다쳤습니다. 사건이 벌어진 날, 아이들은 자신들의 놀 권리를 위해 안전한 피구장을 만들어달라고 했습니다.

"선생님, 오늘처럼 피구를 하다 다치는 경우가 종종 발생하는데요. 피구장을 바꾸면 안 될까요? 바닥도 안전하고 푹신푹신한 재질로 바꿔서 아이들이 다치지 않았으면 좋겠어요."

"좋은 의견입니다. 여러분뿐만 아니라 많은 학생이 이용하는 장소이니 안전하게 놀 수 있도록 개선해 볼게요."

피구장 문제는 예산만 확보되면 충분히 해결할 수 있는 일이라 교

육청 공모 사업을 활용하여 안전한 피구장을 만들게 되었습니다. 피구장이 개선되자 아이들이 편하게 운동할 수 있게 되었고, 전보다 피구장을 활용하는 반도 많이 늘었습니다.

사회생활과 인권 문제

—

'나, 학교, 사회'로 공간을 넓혀가며 인권 문제를 다루니 아이들이

수업의 흐름을 이해하고 생각의 폭이 넓어지는 느낌이 들었습니다. 인권 신장을 위해 노력한 옛사람들의 활동을 탐구하는 수업도 유의미했습니다. 전태일, 이태석, 헬렌 켈러, 마틴 루터 킹 등 인권 운동가를 선택하고 조사하면서 소수자의 인권 문제에 대해 고민하고, 발표하고, 토의하는 모습을 볼 수 있었습니다.

학칙과 생활지도 규정 개선을 위한 온라인 공청회

인권과 헌법, 기본권에 대한 충분한 학습이 이루어진 후 최종 과제인 학칙과 생활지도 규정 개선을 위한 온라인 공청회가 열렸습니다. 공청회를 열기 전까지 학년과 반별로 학칙과 생활지도 규정을 분석하고 토의하며 공통 의견을 만들었습니다. 자신이 공부한 내용을 실제 삶에 적용할 수 있는지를 판단할 수 있는 수업이었습니다.

코로나 상황이라 온라인에서 이루어졌지만 열기는 정말 대단했습니다. 무엇보다 실제 학생들의 생활을 개선할 수 있는 부분이라 많은 관심 속에서 공청회가 진행되었습니다.

"저희 반은 '(제14조 6항) 수업 중 모자, 장갑, 목도리를 착용하지 않는 것을 원칙으로 한다'는 규정을 바꾸었으면 합니다. 모자는 선생님과 눈을 마주칠 수 있다면 문제가 없다고 생각합니다. 선생님의 허락하에 모자를 사용할 수 있게 해야 한다고 생각합니다. 목도리와 장갑 역시 주로 겨울철에만 사용하는데 이를 제한을 하는 것은 인권 침해 요소가 있다고 생각합니다."

"저는 동의하지 않습니다. 모자를 사용하면 조금만 고개를 숙여도 선생님과 눈을 마주치지 못합니다. 수업을 듣는 데 방해된다면 학습권을 침해할 수도 있습니다. 모자가 꼭 필요한 걸까요?"

"이의 있습니다. 우리는 원하는 옷을 입거나 모자를 착용할 권리가 있습니다. 학습에 방해가 되지 않는다면 선생님의 허락을 받고 사용할 수 있으면 좋겠습니다."

"어떤 의견인지 확인했습니다. 추후 학생들의 의견을 모아보고 결정하겠습니다. 다른 의견 있으면 말씀해 주세요."

"저희 반은 '(제33조 2항의 3) 자치회 회장과 부회장은 4~6학년 학생이 참여하는 직접 선거로 선출한다'는 규정을 바꾸었으면 합니다. 4~6학년만 선거에 참여하는데, 3~6학년으로 선거권을 확대했으면 합니다. 3학년 정도면 충분히 자신의 의사를 표현할 수 있

지 않을까요?"

"저희 반도 선거권을 3학년으로 확대하는 것에 동의합니다. 1~2학년은 학교 적응 기간을 거치고 선거에 참여하는 게 좋겠습니다."

"제25조 1항에 휴대전화 제한에 대한 문제가 있는데, 선생님의 허락하에 휴대전화를 사용하도록 바꾸었으면 합니다. 집에서 위급한 전화가 오면 어떻게 합니까? 휴대전화의 전원을 끄고 보관하려니 답답합니다."

"위급한 사항이 생기면 담임 선생님께 전화가 오지 않을까요? 우리 학교는 휴대전화 사용을 오래전부터 제한해 왔는데, 만약에 허락된다면 아이들이 쉬는 시간에 게임을 하고 있을지도 모릅니다. 저는 반대합니다."

"여러분의 학칙과 생활지도 규정 개선을 위한 의견 잘 들었습니다. 추후 각반에서 대표 학생을 선출하여 학칙 개정 의견을 정리해서 모아주세요. 학부모와 선생님, 학생의 의견을 모두 모아 결정하도록 하겠습니다."

교사 역시 학칙과 생활지도 규정을 처음부터 끝까지 살펴보는 경우가 드뭅니다. 최종 과제를 선정할 때 아이들이 학칙과 규정을 끝까지 읽을 수 있을까 걱정하기도 했지만, 기우에 불과했습니다. 인권의 의미를 실생활에 적용하는 수업이라 아이들의 관심은 뜨거웠습니다. 결국 이 수업으로 생활지도 규정은 부분적으로 개정되었습니다.

4. 수업 성찰

인권 수업을 통해 가장 눈에 띄는 변화는 학생자치회 선거권 확대였습니다. 하지만 그보다 큰 변화는 학칙과 생활지도 규정을 읽어본 아이들의 태도였습니다. 여러 차례 토의가 이루어지면서 수업 중 모자를 쓰는 것에 대한 갈등이 해결되었고, 휴대전화 활용에 대한 교사의 지시에 반감을 드러내는 아이도 사라졌습니다.

이처럼 주제 중심 수업 디자인은 교과별 공통 개념을 중심으로 수업의 맥락을 형성할 수 있는가를 판단하여 디자인해야 합니다. 만약 맥락 형성이 어렵다면 교과 단위 수업을 충실히 하는 것이 훨씬 효과적입니다. 주제 중심 수업이 교과 수업보다 효과적일 것이라는 막연한 기대가 오히려 수업을 망치게 합니다. 맥락을 형성하는 과정을 통해 활동 전체를 꿰뚫을 수 있는 뚜렷한 목표와 삶과 연계할 수 있는 실제적인 과제를 부여할 수 있는지 살펴보고 수업 디자인을 해야 합니다.

특별실 픽토그램 만들기

목표 특별실 픽토그램을 만들 수 있다.

성취기준

[6국01-07] 상대가 처한 상황을 이해하고 공감하며 듣는 태도를 지닌다.
[6미01-04] 이미지를 활용하여 자신의 느낌과 생각을 전달할 수 있다.

관련 과목 국어, 미술, 창체(총 10차시)

픽토그램은 그림을 의미하는 '픽토(Picto)'와 전보를 뜻하는 '텔레그램(Telegram)'의 합성어로, 누가 보더라도 그 뜻을 쉽게 알 수 있도록 만들어진 그림 글자입니다. 픽토그램은 올림픽이 열리면서 전 세계에 알려지기 시작했습니다. 언어가 통하지 않아도 그림만 보고 찾을 수 있도록 유명 관광지, 공공장소에 특히 많이 사용됩니다. 픽토그램의 가장 큰 특징은 형태를 단순화하고 특징을 부각하여 정보를 전달하는 데 있습니다.

픽토그램의 필요성

학교에서 픽토그램이 필요할까요? 저는 1학년 학생들을 위해 픽토그램을 만들었으면 했어요. 1학년 학생들이 학교에 처음 오면 담임 선생님과 학교 탐방을 하는데, 층별로 나누어 학교를 돌아다닙니다.

"이곳은 보건실이에요. 아플 때 여기 오면 치료를 받을 수 있어요."
"여기는 도서관입니다. 책을 빌려 읽을 수 있어요."

이런 식으로 아이들에게 설명합니다. 학기 초에 이 모습을 볼 때마다 글자를 아예 모르는 1학년 학생들에게 시각적인 느낌을 주는 픽토그램이 있으면 좋겠다고 생각했습니다.

픽토그램 수업 디자인

픽토그램이라는 소재는 통합적인 속성이 있습니다. 그림과 문자라는 특징이 절묘하게 연결되어 있지요. 애초에 통합적인 속성을 지닌 주제를 선택하면 자연스럽게 교과 내용이 연결됩니다. 다만 맥락을 만드는 힘이 필요합니다. 아이들이 수업하는 모습을 상상해 보세요. 활동 아이디어를 떠올리고 활동 순서를 배열하여 수업의 흐름을 디자인해야 합니다.

브레인스토밍으로 활동을 떠올리고 순서를 조직하는 방법을 구체적으로 살펴보겠습니다.

(1) 브레인스토밍으로 활동 떠올리기

주제를 선정하고 브레인스토밍으로 활동을 떠올려보세요. 10가지 내외의 활동을 떠올리고 중복되는 내용이 없는지 전체적인 내용을 살펴봅니다. 이 방법은 성취기준부터 고려하는 것이 아닙니다. 픽토그램이란 소재는 미술과에서 이미 다룰 수 있는 내용이므로 소재가 가지고 있는 통합적인 속성을 중심으로 자유롭게 활동을 구상하는 것이 중요합니다.

(2) Why, What, How 순으로 배열하기

수업은 목적을 바탕으로 개념을 이해하고 방법을 분명히 해야 합니다. 전체 활동을 Why(목적), What(개념 이해), How(방법)로 나누어 활동을 배열해 보세요. 활동 배열 시 순서를 고려하여 정리하면 수업

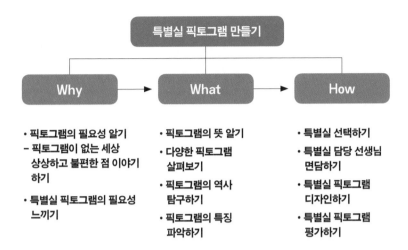

특별실 픽토그램 만들기

Why → What → How

Why
- 픽토그램의 필요성 알기
- 픽토그램이 없는 세상 상상하고 불편한 점 이야기하기
- 특별실 픽토그램의 필요성 느끼기

What
- 픽토그램의 뜻 알기
- 다양한 픽토그램 살펴보기
- 픽토그램의 역사 탐구하기
- 픽토그램의 특징 파악하기

How
- 특별실 선택하기
- 특별실 담당 선생님 면담하기
- 특별실 픽토그램 디자인하기
- 특별실 픽토그램 평가하기

의 맥락이 자연스럽게 보입니다. 정리한 내용을 살펴보면 특별실 담당 선생님을 면담하여 픽토그램을 디자인하는 것이 수업 디자인의 콘셉트임을 파악할 수 있습니다.

(3) 성취기준 연결하기

성취기준을 연결할 때는 주제가 가지고 있는 통합적인 속성을 바탕으로 관련 교과의 성취기준을 우선하여 살펴봅니다. 특별실 픽토그램은 면담을 중심으로 이미지를 만드는 과정이므로 국어와 미술과의 성취기준을 활용하면 기본적인 시수를 확보할 수 있습니다. 부족한 부분이 있다면 창의적 체험 활동을 활용하여 시수를 충당할 수도 있습니다.

앞서 인권 수업처럼 분명한 공통 개념이 있는 경우에는 성취기준을 중심으로 주제 중심 수업을 디자인할 수도 있습니다. 하지만 픽토그램 수업처럼 주제를 중심으로 하는 경우에는 활동을 구상한 후 성취기준을 연결하는 것이 좋습니다. 성취기준만 보고 주제를 떠올리기는 쉽지 않기 때문입니다.

특별실 담당 선생님과 면담하기

아이들은 픽토그램에 대해 배우고 난 후 교장실, 교무실, 영어실, 보건실, 도서관, 행정실, 음악실 중에 하나를 선택하여 특별실 담당 선생님과 면담을 진행했습니다.

"교장 선생님, 교장실 픽토그램을 만들려고 하는데요. 교장실은 어떤 공간인가요?"

"'교장실' 하면 딱딱하고 불편한 공간이라고 생각하는데, 그런 이미지를 바꾸어주었으면 좋겠어요. 소나무 쉼터처럼 편안한 공간이라는 느낌을 주면 좋겠어요."

"선생님, '도서관' 하면 떠오르는 단어나 물건이 있으세요?"
"책꽂이, 그리고 아이들이 책을 읽는 모습이 떠오르는데…."

아이들은 꼼꼼히 메모하며 선생님들의 이야기를 경청하고 특별실이 주는 느낌을 이미지로 바꾸려고 노력했습니다. 또 선생님과의 면담을 바탕으로 특별실의 상황이나 모습을 이해하려고 노력했습니다.

픽토그램 만들기

아이들은 인터뷰한 내용을 바탕으로 픽토그램을 만들기 시작했습

| 음악실 | 보건실 | 교장실 |
| 영어실 | 행정실 | 도서관 |

니다. 실제 픽토그램을 만들어 특별실 옆에 붙일 예정이라 그 어느 때
보다 진지하게 수업에 참여했습니다.

아이들이 정성껏 만든 픽토그램은 누구나 충분히 알아볼 수 있을
만큼 단순하면서도 특징이 잘 드러났습니다. 그런데 교무실을 맡은
아이들이 어려움에 빠졌습니다.

"선생님, 교무실은 특징이 별로 없어요. 교감 선생님이 학교에서 일
어나는 각종 일을 처리한다고 하셨는데 그림으로 표현하기 어려워요."

"그렇구나! 주로 어떤 일을 하신다고 하셨니?"

"모든 학년에서 일어나는 일을 돕고, 다양한 서류 작업을 하신다고 하셨어요."

"정말 쉽지 않구나! 어떻게 하면 좋을까?"

교무실을 선택한 아이들은 다음 날에도 픽토그램 만들기에 빠져 있었습니다. 그러다 한 아이가 번뜩이는 아이디어가 생각났는지 도안을 그리기 시작했습니다.

"1학년부터 6학년의 일을 도와주신다고 하셨으니 숫자를 연결해 보면 어때?"

"괜찮은데? 1~6을 묶어주는 센터처럼 만들면 되겠다."

아이들이 만든 특별실 픽토그램은 5년이 지난 지금도 일부는 특별실에 앞에 붙어 있습니다.

그림책《프레드릭》전시회 열기

목표 콜라주를 활용하여 그림책《프레드릭》을 따라 만들고 전시할 수 있다.

성취기준

[4국05-04] 작품을 듣거나 읽거나 보고 떠오른 느낌과 생각을 다양하게 표현한다.

[4미02-04] 표현 방법과 과정에 관심을 가지고 계획할 수 있다.

관련 과목 국어, 미술(총 12차시)

이 수업은 그림책《프레드릭》을 주제로 국어와 미술을 통합하여 디자인했습니다.

《프레드릭》은 현대 우화의 거장 레오 리오니의 작품입니다. 생쥐 프레드릭은 얼핏 보면 〈개미와 베짱이〉에 나오는 베짱이 같은 모습으로 보이지만 베짱이와는 다릅니다. 모두가 겨울을 나기 위해 열심히 일하는 동안 프레드릭은 따뜻한 빛을 모으고, 색깔을 모으고, 이야기를 모읍니다. 아무 일도 하지 않는 베짱이와 달리 프레드릭은 예술가로서 자신만의 방법으로 일을 하는 거지요.

프레드릭이 겨울철에 배고픔과 추위에 떨고 있는 다른 쥐들에게 따뜻한 빛과 색깔을 불어넣어주는 장면은 정말 인상적입니다.

"눈을 감아봐, 내가 너희들에게 햇살을 보내줄게. 찬란한 금빛 햇

살이 느껴지지 않니."

짧은 그림책이지만 그림이 주는 여운과 따뜻한 메시지가 책을 읽는 독자에게 전달되는 신비한 책입니다.

아이들은《프레드릭》을 읽은 소감과 떠오르는 느낌을 자유롭게 나누며 그림책에 빠져들었습니다.

"여러분이라면 프레드릭처럼 살 수 있을까요?"

"선생님, 저는 한 끼만 굶어도 못 살 것 같아요. 솔직히 프레드릭처럼 사는 건 어려울 것 같아요."

"하지만, 아무리 힘든 상황에서도 따뜻한 빛을 느끼며 희망을 말할 수 있는 사람도 있어야 하지 않을까요?"

"저는 프레드릭이 시인 같아요. 눈을 감고 상상하는 장면이 너무 좋아요."

"저는 프레드릭이 화가 같아요. 프레드릭은 색을 모으잖아요."

그림책으로 이야기를 나누다 보니 아이들의 생각도 절로 깊어진 것 같았습니다.

콜라주로 그림책 따라 만들고 전시하기

아이들과 《프레드릭》 그림책을 살펴본 뒤 같은 방식으로 따라서 그림책을 만들어보자고 제안했습니다. 《프레드릭》은 콜라주를 활용한 작품이라 종이만 있으면 쉽게 따라 만들 수 있습니다.

아이들은 원하는 페이지를 골라 프레드릭의 그림을 따라 만들었습니다. 그렇게 2인 1조로 한 장면씩 작품을 만들었고, 그 결과물로 의

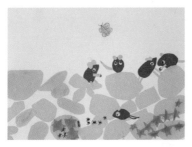 

미 있는 그림책 전시회를 열 수 있었습니다.

이처럼 국어와 미술이 자연스럽게 혼합된 그림책을 주제로 하면 누구나 쉽게 주제 중심 수업 디자인을 할 수 있습니다. 교육과정을 분석하여 개념을 통합하려고 하기보다 애초에 통합적인 속성을 지닌 소재를 주제로 선정하면 자연스럽게 교과의 경계가 허물어지면서 통합을 시도할 수 있습니다.

통합을 위한 통합에서 벗어날 때 진정한 의미의 통합은 가능해집니다. 방법이 중요한 것이 아닙니다. 내용을 깊이 있게 연결할 힘이 있어야 의미 있는 통합이 이루어질 수 있습니다.

삶과 맥락이
살아 있는
수업을 만들다

Day 7

역량 중심 수업 디자인

1				
2				
3				
4				
5				
6				
7				

역량 중심
수업 디자인이란?

2015 개정 교육과정에 '핵심 역량'이라는 개념이 도입된 이후, 학교는 자연스럽게 '역량'이라는 키워드에 주목하게 되었습니다. 교육과정 총론 해설에서는 역량을 '학교 학습을 통해서 기르고자 하는 미래 사회에 요구되는 능력'으로 규정했습니다. 역량은 이제 성공적인 삶을 사는 데 필요한 능력이자, 지식을 활용하고 문제 해결에 적용하는 능력으로 미래 교육의 지향점이 되었습니다.

'역량'은 본래 직업 훈련에서 사용되었던 용어입니다. 역량이란 개념은 1970년대 초 사회심리학자인 맥클레랜드(McClelland)에 의해 처음 사용되었는데, 전통적인 시험 점수가 실제 직업에서의 성공을 예측하지 못한다는 인식이 팽배해지면서 논의가 시작되었습니다. 다시 말해, 시험 점수가 높다고 해서 직무 능력이 뛰어나지는 않다는 문제가 발생한 것입니다.

이처럼 직업이나 직무와 관련된 논의 사항으로 역량이 언급되다가 1997년부터 2003년까지 OECD에서 수행한 DeSeCo(Defining and Selecting Key Competencies) 프로젝트를 통해 역량의 중요성이 드러났습니다. 이 프로젝트로 인해 역량은 일반적인 삶의 질과 관련된 논의로 발전하게 됩니다. 이후 OECD는 DeSeCo 프로젝트를 보완하여 Education 2030 프로젝트를 진행합니다. Education 2030 프로젝트는 미래 사회에 대한 분석을 바탕으로 2030년을 살아갈 학생들에게 필요한 역량이 무엇인지를 탐색하고 어떻게 가르칠 것인지에 대한 교육 개혁의 토대를 만드는 것을 목적으로 연구를 진행하고 있습니다.

역량을 정의하기란 쉽지 않습니다. 최근 연구를 살펴보면 학자와 연구기관마다 역량에 대한 해석이 다르고 비판적 시각도 많습니다. 역량의 종류와 특성, 역량에 대한 평가 등에 대해 다수가 공감할 수 있는 명쾌한 답을 찾기 어려운 것이 현실입니다. 현재로서는 역량은 모호한 개념입니다. 다만, 역량을 지식, 기능, 태도와 가치를 포함하는 총체적인 개념으로 여기고 다양한 연구와 새로운 시도를 하고 있습니다.

학문적인 논의와 별개로 제가 생각하는 역량 중심 수업은 특정 주제에서 지식, 기능, 태도를 통합하여 역량을 형성하고, 이를 삶에 적용하여 '할 수 있는 힘'을 기르는 데 목표를 둔 수업을 의미합니다. 교과 대신 역량을 가르쳐야 한다는 논의는 현실적이지 못합니다. 오히려 역량 중심 교육을 하려면 교과를 품어야 합니다. 교과를 배움으로써 얻게 되는 개념을 삶에 적용하고, 그 과정에서 교사가 의도한 역량을 신장하는 데 중점을 두어야 합니다. 마치 빛이 렌즈를 통과하듯 교과를 역량이라는 렌즈로 바라보고 수업을 디자인해야 합니다.

이 책에서 제안하는 역량 중심 수업 디자인은 특정 주제를 중심으로 지식, 기능, 태도를 통합하여 얻은 교과 역량을 삶에 적용하도록 디자인하는 것을 말합니다. 역량 중심 수업은 미지의 영역입니다. 그런데도 역량 중심 수업 디자인에 도전하는 이유는 삶의 변화에 맞춰 수업 역시 변화를 시도해야 한다고 생각하기 때문입니다.

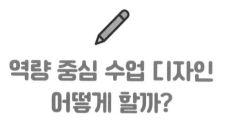

역량 중심 수업 디자인 어떻게 할까?

1. 수업 기획

역량 중심 수업을 디자인하는 과정은 다음과 같습니다.

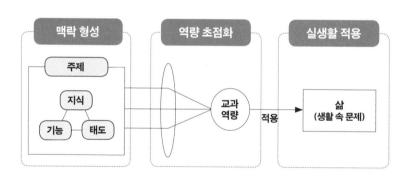

민주주의를 주제로 역량 중심 수업을 디자인하는 과정을 자세히

살펴보겠습니다.

1) 역량 초점화하기

6학년이 배우는 '민주주의' 수업을 살펴보면 교과서 구성은 크게 세 부분으로 되어 있습니다.

먼저, 민주주의 발전의 과정을 알고 시민 정치 참여가 확대되는 정치사를 이해하는 것으로 시작합니다. 우리나라 정치사를 이해한 뒤에는 일상생활과 민주주의의 관련성을 탐색하도록 구성되어 있습니다. 민주주의의 의미와 중요성, 민주적 의사결정 원리를 살펴보게 되어 있죠. 이후 민주 정치의 기본 원리와 국가 기관의 역할을 탐구하는 것으로 끝이 납니다. 6개의 성취기준을 활용하여 총 22차시의 수업을 하도록 되어 있습니다.

민주주의 수업을 하게 된다면 선생님은 어떤 역량에 초점을 두고 싶나요?

저는 문제 해결력과 의사 결정 신장에 초점을 두었습니다. 학생들에게 생활 속에서 벌어지는 다양한 문제를 합리적으로 해결하고 민주적 의사 결정을 할 수 있는 힘을 길러주고 싶습니다. 민주주의에 대해 아는 것을 넘어 민주적인 삶을 살아가도록 하려면 문제 해결력과 의사 결정력이 중요하다고 생각하기 때문입니다. 물론 개인적인 선택에 따라 의사소통 및 협업 능력에 초점을 둘 수도 있습니다. 초점화하고 싶은 역량은 교사의 주관에 따라 달라질 수 있습니다.

227

2) 맥락 형성하기

민주주의를 주제로 수업을 디자인하려면 지식, 기능, 태도가 맥락적으로 연결되도록 활동을 구상해야 합니다. 앞서 강조했듯이 한 편의 이야기를 만드는 것처럼 수업을 상상하고 디자인해야 합니다.

구분	내용
지식	• 4·19 혁명, 5·18 민주화 운동, 6·10 민주 항쟁의 과정과 의미 파악하기 • 광복 이후 시민 정치 참여 활동의 확대 과정 알아보기 • 민주적 의사 결정 원리 이해하기 • 민주 정치의 기본 원리 이해하기 • 국회, 정부, 법원에서 하는 일 파악하기 • 국가의 일을 나누어 맡아야 하는 까닭 알기
기능	• 민주화 과정의 의의에 대해 토의하기 • 민주적 의사 결정 원리에 따른 공동체 문제 해결하기 • 생활 속에서 민주 정치의 원리가 적용된 사례 분석하기 • 국회, 정부, 법원이 국민 생활에 미치는 영향을 다양한 사례를 통해 탐구하기
가치·태도	• 시민의 정치 참여 활동 모습을 바탕으로 앞으로 우리 사회를 발전시키려고 노력하는 태도 갖기 • 생활 속에서 민주주의를 실천하려는 태도 갖기 • 민주 사회의 구성원으로서 민주 정치의 원리를 실천하는 태도 갖기

민주주의라는 개념을 중심으로 학습해야 할 지식, 기능, 가치·태도를 분석하면 위와 같습니다. 위 내용은 지도서에 나와 있지만 깊은 이해를 위해 스스로 고민해 보기를 권장합니다.

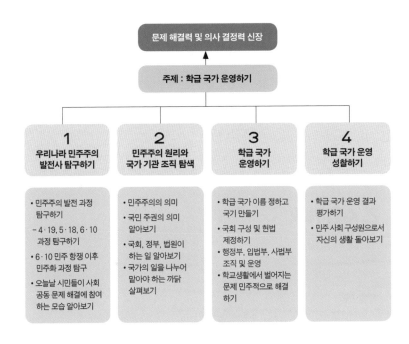

해당 내용을 한 편의 이야기처럼 맥락 있게 바꾸려면 주제가 필요합니다. 저는 학급을 하나의 국가로 운영하는 학급 국가라는 주제를 구상했습니다. 학급에서 벌어지는 생활 속 문제를 민주적으로 해결하고 의사 결정력을 기르는 역량에 집중하도록 하고 싶었습니다.

(3) 실생활에 적용하기

수업 디자인의 양상은 주제 중심 수업 디자인과 큰 차이가 없습니다. 하지만 수업의 초점이 문제 해결력과 의사 결정력 신장에 있다는 점에서 다릅니다. 아이들은 학급이라는 국가를 운영하는 과정에서 일어나는 문제를 스스로 해결하게 됩니다.

　문제 해결력이나 의사 결정력은 하루아침에 신장되지 않습니다. 학급에서 벌어지는 다양한 문제를 여러 차례 해결하는 과정에서 이러한 역량을 기를 수 있을 것입니다.

2. 수업 계획

주제 학급 국가 운영하기(30차시)

학습 목표
- 우리나라의 민주주의 발전 과정을 살펴보며 시민 정치 참여의 중요성을 설명할 수 있다.
- 국회, 정부, 법원 등 주요 국가 기관의 역할을 탐구하고 학급을 국가로 가정하여 운영할 수 있다.
- 생활 속 민주주의 사례를 바탕으로 민주주의의 의미와 중요성을 파악하고 민주적 의사 결정 원리를 생활 속에서 실천할 수 있다.

핵심 개념 민주주의

관련 교과 사회, 창체, 미술

차시	활동	준비물 및 유의점
1	• 왜 시민들은 민주주의를 위해 죽음을 각오했는가? • 4·19 혁명과 시민의 노력 알아보기	4·19 관련 동영상
2	• 5·18 민주화 운동의 과정과 의미 알기	5·18 설명 자료

3	• 6·10 민주 항쟁과 국민들의 민주화 노력	6·10 설명 자료
4	• 6·10 민주 항쟁 이후 민주화 과정 알아보기	
5	• 민주주의와 국민 주권의 의미 알기	
6~8	• 국가 조직 탐구하기 　– 국회, 정부, 법원에서 하는 일 살펴보기	
9	• 삼권분립의 원리 파악하기	
10	• 문제 안내 : 학급 국가 운영하기	
11~12	• 국가 이름 정하고 국기 디자인하기	미술 교과 연계
13	• 학생 전체가 국회의원이 되어 헌법 제정하기 　– 교사가 마련한 헌법 초안을 바탕으로 학생들이 법률 제정	
14~15	• 정당 조직 및 대통령 선거 실시	
16~17	• 우리나라 국가 조직과 비교하여 학급 국가 기관 조직하기 예) 행정안전부 : 질서 유지, 전담 시간 이동 예) 환경부 : 청소 상태 점검, 칠판 정리, 대청소 운영 예) 보건부 : 체온 측정, 밴드 등 의료 용품 관리, 창문 환기	
18	• 행정부 부서별 역할 나누고 운영하기	
19~22	• 국무회의 운영	
23	• 정기국회 학기별 1회 진행	
24~27	• 학급에서 일어나는 문제를 민주적 의사 결정 원리에 따라 해결하기	
28~29	• 모의 법정 운영	
30	• 학급 국가 운영 결과 평가하고 돌아보기	

3. 수업 실천

우리나라의 민주화 과정 이해하기

——

"여러분, 민주주의에 대해 들어본 적이 있나요? 민주주의란 무엇일까요?"

"국민이 국가의 주인이 된다는 뜻이라고 들었어요."

"국민이 국가의 주인이 되면 뭐가 달라질까요?"

"……."

"국민이 주인이 되면 의사 결정에 참여할 수 있게 됩니다. 대표적인 것이 선거예요. 국가의 주권이 국민에게 있고, 국민이 의사 결정에 참여할 수 있으면 민주주의라고 말할 수 있어요. 그런데 여러분은 민주주의를 위해 죽음을 선택할 수 있나요?"

"네? 민주주의 때문에 사람이 죽어요?"

"오늘 배울 4·19 혁명 이야기가 바로 민주주의와 관련된 이야기입니다. 본격적인 수업을 시작하기 전에 교과서에 밑줄을 그으며 읽어보고 다음과 같이 정리해 봐요."

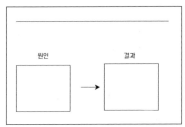
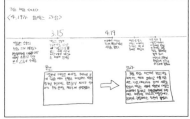

왼쪽에 있는 그림처럼 칠판에 간략한 도식을 그려줍니다. 아이들은 시기별로 일어난 내용을 상단에 정리하고 문제가 일어난 원인과 결과를 하단에 요약합니다. 이처럼 교과서 텍스트 자료를 읽고 난 후에 도식을 활용하여 내용을 정리하면 효과적입니다.

학급 국가의 탄생

—

아이들이 민주주의의 개념과 우리나라의 민주화 과정을 이해하게 되면 본격적인 수업이 시작됩니다. 바로 학급 국가를 만드는 과제입니다.

가장 먼저, 나라의 이름을 지어야겠죠? 모둠별 회의를 통해 국가의 이름을 투표로 결정했습니다. 우리 반은 밝게 빛나는 별처럼 살아가라고 '밝은별'이라는 애칭을 사용했는데, 밝은별 7호의 의미를 담은 '칠성사이다'가 국가 이름으로 선정되었습니다.

이후 국기 그리기 활동을 했는데, 최종 후보로 가운뎃줄 왼쪽에서 세 번째에 있는 국기가 정식 국기로 채택되었습니다. 사선을 사용하여 성장의 의미를 나타냈고, 7개의 별을 멋지게 디자인해서 아이들의 주목을 받았지요. 이렇게 해서 우리 학급은 '칠성사이다'라는 국가가 되었습니다.

헌법 제정

—

국가를 만들었으니 헌법을 제정해야 합니다. 아이들은 국회의원이 되어 제헌국회를 열었습니다. 아이들 수준에서 헌법을 작성하는 것은 어려워서 교사가 만든 초안을 아이들과 함께 검토하고 부분적으로 수정하여 공포했습니다.

칠성사이다 헌법

[시행 2022. 4. 11.]

제1장 총강

학교폭력예방법

(담당: 행정 안전부)

[시행 2022. 4. 11.]

제3장 국회

초대 대통령 선거

아이들은 3개 당을 편성하여 선거를 진행했습니다. 각 당에서는 대통령 후보 1명씩을 추천하여 초대 대통령 선거를 했습니다. 당이 조직되자 일반 선거와 달리 자신이 속한 당의 학생을 지지하는 경향

이 뚜렷하게 나타나는 모습을 볼 수 있었습니다. 대통령에 당선된 학생은 장관이 되길 희망하는 학생들을 면접하고 장관을 지명했습니다.

사법부 조직

사법부는 헌법을 바탕으로 사법시험을 보고 조직했습니다. 제1회 사법시험은 전체 학생들을 대상으로 보았습니다. 사법시험을 보면 법에 관심을 보이는 학생들이 많아집니다. 이후에는 희망자를 중심으로 부분적으로 문제를 변경하여 시험을 보았습니다. 순위에 따라 대법원장, 판사를 지명하여 사법부를 조직하고, 검사는 행정부 소속으로, 변호사는 사법시험 합격자 중에서 활동할 수 있도록 했습니다.

행정부 조직

———

행정부는 대통령이 임명한 국무총리와 장관을 중심으로 공무원을 모집하여 조직합니다. 행정부는 부서에서 하는 일과 행사를 정리하여 학급 구성원이 늘 볼 수 있는 게시판에 붙여둡니다. 이렇게 하면 아이들은 자신이 해야 할 일을 인식하고 책임감 있게 행동합니다. 행정부 조직은 헌법 제정 과정에서 부서 이름을 정하기 때문에 헌법 제정 시 깊은 논의가 필요합니다. 이외 각 부서에서 무리한 행사를 진행하지 않도록 주의해야 합니다.

문제 해결과 의사 결정력 신장

———

한 학기 동안 총 15번의 회의가 진행되었습니다. 매주 월요일 아침마다 대통령 주재하에 국무회의를 진행했고, 국무총리는 회의 내용을 기록했습니다. 국무회의에서는 부서별로 안내가 필요한 내용을 장관들이 전달하고 필요에 따라 안건을 상정하여 회의를 진행했습니다.

순	회의 주제
1	마스크 미착용 학생에 대한 경고 부여 찬반 논의
2	월 1회 놀이시간 운영 방법
3	특정 휴게 공간을 남학생이 자주 이용하는 문제
4	대청소 역할 배정 및 운영 방법
5	반티 디자인 및 색상 결정하기
6	급식 검사 찬반 논의
7	학급 이벤트 : 영화 선정 문제
8	. . . .

아이들은 국무회의를 통해 일상생활 속에서 발생한 문제를 깊이 논의하며 민주적 의사 결정을 경험했습니다. 처음에는 미숙한 점도 있었지만, 회를 거듭할수록 논점이 분명해지고 자신에게 중요한 사안에 대해서는 비밀투표를 하는 등 문제 해결력과 의사 결정 능력이 향상되는 모습을 볼 수 있었습니다.

모의 법정 역시 총 7회를 운영하면서 법의 중요성을 인식하고 바른 행동을 하려고 노력하는 모습을 볼 수 있었습니다. 검사와 변호사는 필요에 따라 증인을 내세우며 날카로운 대립을 하기도 했습니다. 판사는 양측의 의견을 고루 듣고 판결을 내렸습니다. 힘든 과정이었지만 법의 중요성과 올바른 의사 결정을 위한 깊은 논의를 할 수 있어서 매우 유의미한 과정이었습니다.

4. 수업 성찰

'학급 국가 운영'이라는 맥락으로 수업이 진행되자 멀게만 느껴졌던 정치적 개념들이 아이들의 삶 속으로 들어오기 시작했습니다. 매주 국무회의가 진행되고 행정부 활동이 안정되면서 학급에서 일어나는 사소한 일도 자연스럽게 공유되기 시작했습니다.

처음에는 행정부에서 주는 경고 행위를 못마땅하게 여기며 민감한 반응을 보이기도 했지만, 국무회의와 모의 법정을 여러 번 겪으면서 자신의 행동을 적극적으로 변호하거나 잘못을 인정하고 책임지는 모습도 볼 수 있었습니다.

2대 대통령 선거가 진행되고 새로운 내각이 구성되자 경고 시스템이 개선되고 활동 자체가 익숙해지면서 민주적인 학급 운영에 한 걸음 더 다가서는 느낌이었습니다. 하지만 제정된 법을 고치려는 시도가 적었고, 행정부에서 무리하게 진행하는 이벤트로 인해 시간이 낭비되기도 했습니다.

수업 속에서 아이들의 삶과 밀접한 다양한 문제에 대해 토의하고, 필요에 따라 토론과 투표가 이어지다 보니 문제 해결력과 의사 결정력이 향상되는 모습을 뚜렷하게 관찰할 수 있었습니다. 학급 내 공동의 문제가 발생하면 자연스럽게 회의부터 시작하는 아이들의 모습이 가장 큰 변화였습니다.

마트 운영하기

목표 자원의 희소성으로 경제 활동에서 선택의 문제가 발생함을 이해하고, 마트를 중심으로 이루어지는 생산, 소비 등 경제 활동을 설명할 수 있다.

성취기준

[4사04-03] 자원의 희소성으로 경제 활동에서 선택의 문제가 발생함을 파악하고, 시장을 중심으로 이루어지는 생산, 소비 등 경제 활동을 설명한다.

[4사04-04] 우리 지역과 다른 지역의 물자 교환 및 교류 사례를 조사하며, 지역 간 경제 활동이 밀접하게 관련되어 있음을 탐구한다.

관련 과목 사회, 미술, 창체(총 20차시)

교실을 마트로 바꿀 수 있을까?

4학년 2학기 사회과에는 경제 활동과 관련된 수업이 있습니다. 그렇다면 아이들의 삶에서 경제 활동이 자주 일어나는 곳이 어딜까요? 저는 마트가 떠올랐습니다. 교실을 마트로 바꾸어 물건을 사고팔게 하고 싶었죠. 하지만 마트를 운영해 본 적이 없으니 막막하기만 하더군요. 마트의 물건이 어떻게 생산되어 우리의 손에 닿게 되는지, 가격은 어떻게 결정되는지 설명할 길이 없었어요. 대형 마트 홍보팀에 연락했지만, 교육을 해주실 수 있는 분을 구할 수 없었습니다. 그렇다고

포기할 수는 없었습니다. 학교 인근에 있는 H마트에 여러 차례 방문하여 도움을 요청했고, 결국 마트 팀장님이 협조하기로 약속해 주셨습니다.

아이들은 마트 공모전을 열기로 했습니다. 15만 원으로 마트를 운영하는데, 운영 계획서를 작성하고 반별로 1팀을 선정해 마트를 운영하기로 했지요. 아이들의 반응은 열광적이었습니다. 마트에 대한 궁금증이 정말 많았습니다. H마트 팀장님이 학교에 방문하셔서 아이들의 사소한 질문에도 구체적인 답변을 해주셨습니다.

"마트의 이름은 어떻게 정해요?"
"마트 이름은 자유롭게 정하면 됩니다. H마트의 경우 믿을 수 있는

먹거리를 제공하고 농민과 함께 걸어온 이미지를 주고 싶었어요."

"물건 가격은 어떻게 결정해요?"

"여러분들은 대부분 공산품을 많이 사겠죠? 일반적으로 물품에 따라 가격이 달라져요. 업체에서 받는 금액의 15~20%를 이익으로 남기는데, 일반적으로 15% 정도를 남겨요. 1,000원이면 1,150원 정도에 팝니다."

"직원은 어떤 기준으로 뽑나요? 직위에 따라 급여가 달라지나요?"

"물론 직위에 따라 급여가 달라요. 급여도 마트마다 다르죠. 마트 직원을 뽑는 특별한 기준은 없습니다. 성실한 태도와 건강한 신체를 가지고 있다면 누구나 지원할 수 있습니다."

"시식 코너는 어디에 두는 게 좋아요?"

"일반적으로 안쪽에 둡니다. 입구 쪽에 두면 물건을 살펴보지 않고 시식만 하는 경우가 많아서 안쪽에 배치하는 게 좋습니다."

"1+1, 2+1과 같은 전략을 20분마다 하려고 하는데 괜찮을까요?"

"1+1이나 2+1과 같은 제품은 업체에서 묶음 판매를 해달라고 공짜로 보내주는 제품이에요. 여러분들은 1+1이나 2+1로 팔면 손해가 클 수 있으니 마트 상황을 보고 신중하게 결정해야 해요. 그래도 재고를 남기지 않아야 할 테니 끝날 때쯤 하는 게 가장 좋겠죠?"

아이들은 질문에 대한 답변을 바탕으로 계획서를 작성하기 시작했습니다.

마트 공모전

    모둠별로 마트 운영 계획서를 작성했는데, 마트 운영 직원의 역할 분배, 물건의 다양성, 가격의 적정성, 마트 구성도, 판매 전략 등을 살펴보고 한 팀을 선정하게 되었습니다.

    최종 선정된 팀은 실제 마트에 방문하여 팀장님에게 추가 조언을 받고 마트 견학과 물품 구입을 하게 되었어요. 아이들은 과자류, 라면류, 과일류 등으로 상품을 분류하고, 15% 정도 이윤을 남기도록 대략적인 가격을 안내하고 마트 운영 준비를 했습니다.

기본급 지급

―

아이들에게는 1인당 2,500원씩 모형 돈을 주었고, 아이들이 마트
를 준비하는 동안 규칙을 정해 돈을 벌었습니다. 예를 들면 쓰레기 1
봉지를 주어오면 500원, 저학년 학생들에게 아침 시간에 그림책 읽
어주기 봉사활동을 하면 200원을 주는 등 정해진 규칙을 지켜야 모
형 돈을 벌 수 있었지요.

마트 운영하기

―

"계산대 위치를 바꾸고 줄을 설 수 있게 마스킹 테이프로 라인을
만들어야겠어요."

"세일 코너를 따로 만들어서 중간에 애매하게 남는 물건을 모아두
면 더 좋을 것 같아요."

마트 직원 역할을 맡은 학생들이 분주히 마트 오픈을 준비하는 동안 손님 역할을 하는 아이들은 소강당에서 영화를 보고 있었습니다. 드디어 마트가 열리고 손님들이 우르르 마트에 들어갔습니다. 미술 시간에 만든 장바구니를 들고 여기저기 물건을 둘러보기 시작했습니다.

본격적으로 마트가 운영되자 재미있는 현상이 나타났습니다. 실제 생활에서 일어나는 모습이 그대로 드러났죠. 고객 센터에 와서 추태 부리는 손님, 시식 코너에서 먹기만 하는 손님, 멀쩡한 물건에 흠이 있다며 바꿔 달라고 떼쓰는 손님도 있었습니다. 판매 막바지에는 50% 할인이나 1+1 행사도 진행했는데, 똑같은 물건을 비싸게 산 학생들의 탄식이 흘러나오기도 했습니다.

합리적인 선택과 의사 결정

———

"마트를 운영할 때 생각해야 할 게 이렇게 많은 줄 몰랐어요."

마트 운영은 끊임없는 문제 해결과 의사 결정을 요구했습니다. 단순한 시장 놀이가 아니었습니다. 마트의 이름을 정하는 것부터 소비자의 동선을 고려한 물품 전시, 전략적인 마트 홍보까지 수많은 문제를 해결하고 합리적인 선택을 해야 했습니다.

활동이 많아서 중간에는 수업 내용을 정리하며 부족한 개념과 내용을 점검해야 했습니다. 아이들이 진지한 태도로 합리적인 선택과 소비를 고민하고 생산과 소비의 과정을 이해할 수 있도록 노력했습니다.

수업을 마치고 개념 정리를 하는데 마트에서 이루어지는 생산, 소비는 물론 유통에 관한 이야기까지 구체적인 사례를 언급하며 경제 활동에 관한 이야기를 나누었습니다. 삶과 연계된 역량을 바탕으로 수업을 하다 보니 자연스럽게 살아 있는 이야기를 꺼내는 아이들의 모습을 만날 수 있는 순간이었습니다.

역량이라는 함정에서
벗어나라!

OECD에서 DeSeCo(Defining and Selecting Key Competencies) 보고서가 발표된 이후 대부분의 선진국은 교육의 최우선 과제로 역량을 제시했습니다. 우리나라도 다르지 않았습니다. 2015 개정 교육과정에 역량이라는 용어가 등장하자 각 시도교육청의 비전이 역량 교육에 초점을 두고 변화하기 시작했습니다. 2016년 세계 경제 포럼에서 클라우스 슈밥 의장이 '4차 산업혁명'이란 용어를 사용하자 국내 언론은 당장이라도 새로운 변화가 일어날 것처럼 대서특필했고, 역량 교육은 4차 산업혁명 시대에 필수적인 비전으로 자리매김했습니다.

여기에서 우리가 주목해야 할 점은 OECD와 4차 산업혁명이라는 키워드입니다. 교육이 경제에 종속된 느낌을 지울 수 없습니다. 지식의 효용성이 한계에 달했고, 단편적인 지식 습득을 넘어 삶에 적용할 수 있는 역량을 키워야 한다는 관점은 사회의 변화 속도를 고려하면 누구나 공감할 수 있는 이야기입니다. 하지만 역량 교육을 위해 지식 무용론을 펼치는 것은 대단히 위험한 발상입니다. 아는 것이 있어야 할 수 있는 지점이 보이는 법입니다. 따라서 수업을 지나치게 활동 중심으로 풀어가야 할 이유도 없고, 단편적인 지식을 암기하는 것에만 몰두해서도 안 됩니다. 강의식 수업이라고 해서 역량 교육이 아니라고 할 수 없으며, 활동 중심 수업이 강의식 수업보다 월등하다고 볼 수도 없습니다. 오히려 역량이라는 함정에 빠져 알맹이 없이 활동과 기능만 추구하는 수업을 경계해야 합니다.

역량 교육이 대두되자 각 시도교육청에서 가장 먼저 관심을 가진 것은 교수법이었습니다. 프로젝트 수업, 거꾸로 교실, 협동 학습, 하브루타 등 각 시도교육청은 새로운 교수법을 소개하고, 학습 공동체를 바탕으로 역량 신장을 위한 교육 풍토를 조성하고자 했습니다. 교수법을 배우는 과정은 우수한 선생님의 수업 노하우를 연수를 통해 공유하는 방식입니다. 연수는 유의미하지만 실제 수업에 적용해 보면 어색한 옷을 입은 것처럼 금세 한계가 드러나기 마련입니다. 철학적인 공감대가 취약하므로 학습 공동체가 형성되어 있지 않으면 결국 자발성과 지속성을 담보하기 어렵지요.

그 무엇보다 역량 교육이 어려운 가장 큰 이유는 역량 자체가 가지고 있는 모호성 때문입니다. 교과와 달리 역량은 무엇을 어떻게 가르쳐야 한다는 분명한 과학적 근거가 부족합니다. 역량을 '지식, 기능,

태도가 상호작용하여 다양한 상황과 맥락에 적용할 수 있는 전이 능력' 정도로 추정하는 논문이 부지기수입니다. 한 인간의 역량은 분절적으로 바라볼 수 없으며 이를 평가하기도 어렵습니다. 따라서 역량교육은 표면적으로 지향하는 하나의 방향이자 앞으로 미래 교육이 풀어야 할 숙제입니다.

수업 디자인을 하는 과정에서 역량이라는 함정에 빠지지 않았으면 합니다. 지식이라는 알맹이가 충실하게 열매를 맺다 보면 자연스럽게 기능과 태도가 어우러져 힘을 발휘하는 순간이 나타납니다. 아이들에게 새로운 도전을 할 수 있는 기회를 주기 전에 충분한 연습과 탐구가 이루어질 수 있도록 기초부터 차근차근 수업하고 아이들과 대화하며 생각하는 힘을 길러주어야 합니다. 생각하는 힘이 자연스럽게 행동으로 이어지길 기다려주는 것이 어쩌면 역량 교육의 시작일지도 모릅니다.

에필로그 Epilogue

삶이 살아 있는
수업 디자인

"생각이 죽어 말이 되고 말이 죽어 글이 된다."

인권 운동가이자 문필가인 함석헌 선생님의 말씀입니다. 생각과 말, 말과 글의 관계를 통찰한 절묘한 문장이지요. 이 문장을 읽고 불현듯 '수업이 죽으면 무엇이 될까?'라는 의문이 들었습니다. 오랜 시간 고민하고 내린 저의 결론은 '삶'이었습니다. 수업이 죽고 또 죽어, 삶이 되지 않는다면 그 많은 수업이 무슨 의미가 있을까요?

지금 이 시각에도 수많은 수업이 꽃처럼 피고 집니다. 도대체 수업이란 무엇일까요? 왜 아이들은 매일 학교에 가야 할까요? 학교에서 이루어지는 수업이 과연 아이들의 삶에 도움이 될까요? 꼬리에 꼬리를 무는 질문이 수년간 저를 괴롭혔습니다.

이 책을 쓰면서 '나는 왜 이렇게 수업을 바꾸려고 발버둥 쳤을까?' 하는 의문이 들었습니다. 오랜 시간 고민한 끝에 내린 결론은 '삶에

250

다가가기 위해서'였습니다. 삶이 살아 있는 수업을 하고 싶어서 수년간 미친 듯이 수업을 바꾸려고 했던 것 같습니다.

"선생님, 이렇게 수업하면 잠을 잘 시간은 있나요?"

얼마 전 강연 중에 한 선생님이 이런 질문을 하셨습니다. 솔직히 지속하기 힘듭니다. 나이도 들어가고 체력도 예전 같지 않지요. 하지만 몇 년간 익숙해지면 교과서만 바라보고 수업하기도 어렵습니다. 답답하고 재미가 없다 보니 자연스럽게 새로운 시도를 하게 됩니다.

수업은 교육과정과 삶의 연결 고리입니다. 아이의 삶과 교육과정을 수업으로 연결하려면 둘의 차이를 알아야 합니다. 저는 삶과 교육과정은 온전함의 차이가 크다고 생각합니다. 삶은 '-ing'이며 교육과정은 '-ed'입니다. 삶은 전체이며 교육과정은 부분입니다. 삶은 흐르는 것이고 교육과정은 머물러 있는 것입니다. 저는 이렇게 받아들이고 있습니다. 그래서 교육과정과 삶을 연결하기 위해 수업을 디자인하는 힘을 길러야 한다고 생각합니다. 이 책이 삶이 살아 있는 수업으로 다가가는 계기가 되기를 바랍니다.

일주일 만에 배우는
초등 수업 디자인

1쇄 발행 2022년 10월 20일

지은이 김병섭
발행인 윤을식

발행처 도서출판 지식프레임
출판등록 2008년 1월 4일 제2020-000053호
주소 서울시 동대문구 청계천로 505, 206호
전화 (02)521-3172 ㅣ **팩스** (02)6007-1835

이메일 editor@jisikframe.com
홈페이지 http://www.jisikframe.com

ISBN 978-89-94655-06-2 (03370)